Réussir son affiliation

Groupe Eyrolles
61, bd Saint-Germain
75240 Paris Cedex 05

www.editions-eyrolles.com

Remerciements

Les auteurs remercient Pierre Louis Rozynès, Sylvain Gimenez (directeur digital de Mediabrands), et André Lomuscio pour leur implication ainsi que leur soutien efficace et assidu tout au long de ce projet.
Ils remercient également Dynamic-Creative.com (Studio graphique spécialisé en performance marketing, affiliation et Webdesign) pour la conception du visuel de la couverture de cet ouvrage.

David Sitbon
Étienne Naël

Réussir son affiliation

Comment gagner de l'argent avec Internet

EYROLLES

Table des matières

Préface

Marshall McLuhan avait tout prévu. Enfin presque.

Il avait entrevu dès 1960 le village planétaire relié par les médias électroniques, mais il n'avait pas imaginé la publicité rémunérée à l'audience bientôt supplantée par la publicité à la performance... Ce livre sur l'affiliation ne dit rien d'autre que cela : le siècle qui commence est non seulement le siècle de l'Internet, mais aussi celui du pragmatisme.

Internet, une fois passées les banalités d'usage, révèle chaque jour les effets de sa révolution. Il y a d'abord eu la révolution de l'information, la fin d'un certain journalisme, d'une certaine façon d'informer, avec d'un côté ceux qui produisent du contenu et de l'autre ceux qui le consomment.

Lorsque les blogueurs et les moteurs de recherche ont révélé par leur succès que le public n'était pas si attaché que cela aux médias qui tenaient le haut du pavé (avec une certaine condescendance, avouons-le), on pouvait s'attendre à ce que les choses ne s'arrêtent pas là.

L'information n'est pas seulement l'information politique, économique, culturelle. C'est aussi l'information commerciale. Le public s'informe désormais d'un clic, d'un même clic doit-on ajouter, sur le même clavier, le même écran, au même moment, pour savoir ce qui s'est passé dans le monde ou en bas de chez soi, mais aussi pour connaître un horaire, un tarif, commander un livre, réserver un voyage, acheter une paire de chaussures ou changer les pneus de sa voiture. Tout cela après avoir évidemment comparé les prix.

Quelle révolution ! Non, Marshall McLuhan n'avait pas imaginé cela. Il avait entrevu le « village global » que deviendrait le monde, mais il n'avait pas pu voir, au début des années 1960, lorsqu'il a formalisé son concept, tout visionnaire qu'il était, que ce n'est pas seulement l'information qui serait révolutionnée, mais aussi le commerce et, *in fine*, l'économie et le capitalisme.

L'affiliation, ce mot identique en anglais et en français, est méconnue, voire même inconnue, au-delà des cercles d'initiés d'Internet. Pas pour longtemps. Le principe qui permet à un blog ou à un site de rémunérer le travail de celui qui s'échine à le mettre à jour quotidiennement connaît un succès croissant et discret. Demain, des milliers de gens devraient pouvoir enfin vivre de leur activité sur Internet et en face, des e-commerçants devraient continuer à naître, à grandir et à vivre à l'ombre des grandes enseignes.

Le pont entre ces deux familles, ce sont les plates-formes d'affiliation, simples à utiliser. Vous êtes blogueur ou blogueuse, vous vous inscrivez sur une ou plusieurs plates-formes, vous étudiez les programmes d'affiliation que proposent les annonceurs, vous choisissez ceux qui correspondent le mieux à votre cible et vous posez les bannières publicitaires sur votre site. Si vous avez de l'audience, et que cette audience est de qualité, vos visiteurs cliqueront, certains achèteront ce que proposent les annonceurs et vous serez rémunérés au pourcentage du chiffre d'affaires que vous aurez suscité. C'est tellement simple que l'on se demande pourquoi ce modèle ne s'est pas encore plus massivement imposé.

Amazon est devenu le succès planétaire que l'on connaît grâce à ce principe primaire. Le Web regorge de discrètes *success stories* qui ont emboîté le pas à Jeff Bezos. Que l'empereur de l'affiliation soit aussi le chouchou de Wall Street devrait ouvrir les yeux aux tenants de l'ancien monde : le commerce de papa est mort, la publicité de papa aussi, mais ils ne le savent pas encore.

Nous sommes en 2012, bienvenus en l'an 2000. Ce n'est pas trop tôt…

François KERMOAL
Directeur de la rédaction de *L'Entreprise.*

Introduction

Plus de vingt mille nouveaux sites d'e-commerce ont été créés au cours de ces douze derniers mois et en 2012, il y aura plus de cent mille sites marchands en France. Au troisième trimestre 2011, on a dépassé en France les 100 millions de transactions sur Internet, soit deux achats par adulte en moyenne. Fin 2011, l'Hexagone compte 30,4 millions d'acheteurs sur Internet contre 27 millions en 2010 et 23 millions en 2009.

Les quarante sites marchands leaders dans leur domaine (iCE40 répertoriés par la FEVAD – Fédération du e-commerce et de la vente à distance) ont vu leur chiffre d'affaires progresser de 10 % au troisième trimestre 2011 par rapport au même trimestre en 2010. Les Français ont dépensé en 2011 plus de 7 milliards d'euros en cadeaux de fin d'année achetés sur Internet contre 6,2 l'année précédente.

Nous pourrions continuer à égrener des chiffres impressionnants par leur ampleur, mais vous avez compris le message : le marché est désormais sur Internet. Comme les sources de profit !

« Dans un marché global à croissance nulle ou très faible, les taux de progression du e-commerce s'expliquent par un transfert des achats du offline sur le online.

Plus souple, moins cher, le e-commerce, permet de créer la différence, de raccourcir le temps de réaction, de créer de nouveaux modes d'interaction, d'ajouter de nouveaux services… c'est devenu un canal de vente majeur.

L'importance des canaux physiques reste primordiale mais les prochaines années verront Internet devenir le canal pivot de la relation client dans de nombreux secteurs, y compris les plus traditionnels, en B to C comme en B to B. Cela se fait mathématiquement au détriment des canaux offline. La crise économique est en train d'accélérer cette tendance. » (F. de Tissot, Bouygues Immobilier et JB GIRAULT HTS Consulting.)

Internet a créé un espace de liberté tout à fait exceptionnel dans l'histoire du commerce. Il conjugue à merveille la liberté de vendre ce que l'on a envie à la liberté de travailler chez soi, d'être son propre patron et surtout de pouvoir quantifier immédiatement « si ça marche ou pas ». Pourtant attention, Internet n'est pas idyllique. S'il se crée deux sites marchands à l'heure, tous ne prospèrent pas. Peut-être est-ce faute de méthode ou de connaissances précises sur les techniques de vente sur Internet ?

Si vous avez ce livre entre les mains, c'est que vous avez envie de vous lancer, de dépasser le stade de l'amateur et de professionnaliser votre activité sur Internet. Notre métier est l'affiliation et nous allons vous en donner les clés. Vous faire partager ce que nous avons appris et ce que nous proposons au quotidien à nos clients. Des clés pour comprendre ce dont il s'agit et des clés pour monétiser votre sueur et votre talent.

L'AFFILIATION, QU'EST-CE QUE C'EST ?

Cette question nous est posée et reposée sans cesse, parce qu'elle n'est pas encore enseignée dans les écoles de commerce. Affiliation, quel mot étrange ! Il est porteur d'ondes positives, c'est l'avenir du commerce, sa révolution, c'est le mot qui introduit la démocratisation du capitalisme.

Avant, on pouvait définir l'affiliation comme cette chaîne contractuelle entre le détenteur d'un produit ou d'un service à vendre et un revendeur, un marchand, un intermédiaire chez qui se rendait le client final. Ce principe de base du commerce a prévalu dans le monde physique et prévaut aussi dans le monde virtuel.

Aujourd'hui, les boutiques ont été remplacées (ou dédoublées) par des sites marchands et les intermédiaires (grossistes, enseignes, revendeurs, succursales) par Internet lui-même, à travers des dizaines de milliers de sites ou blogs qui envoient de la clientèle vers les marchands.

Vous l'avez compris, « affiliation » est certes un mot nouveau mais il renvoie à une technique ancestrale, simple et redoutablement efficace.

Si vous avez un site Internet, l'affiliation est le moyen le plus simple de toucher un pourcentage sur les ventes que font des annonceurs aux visiteurs de votre site.

Si vous avez quelque chose à vendre, c'est le moyen de toucher des clients en vous faisant connaître sur des sites Internet sans dépenser d'argent. Votre seul investissement sera la commission que vous laisserez aux sites qui vous auront envoyé des clients.

Dans les deux cas, que vous soyez affilié (si vous avez un site) ou annonceur (le commerçant affilieur), la rémunération se fait à la performance. Entre les deux familles de l'affiliation, les sites affiliés et les annonceurs e-commerçants, il y a un seul intermédiaire : la plate-forme d'affiliation.

QU'EST-CE QU'UNE PLATE-FORME D'AFFILIATION ?

C'est l'autre question qui nous est fréquemment posée. Il s'agit du lien entre les sites et les annonceurs. Il se présente sous la forme d'un « back-office », une interface simple d'usage qui permet aux annonceurs de proposer leurs publicités et aux sites de choisir parmi ces annonceurs ceux qui proposent les programmes les plus attractifs et les plus adaptés à l'audience de chaque site.

Ce livre n'a pas d'autre but que de vous guider, que vous soyez annonceur ou affilié, vers le succès sur Internet. L'affiliation est simple à comprendre et à manier, nous avons donc décidé d'écrire un livre simple à comprendre et à manier, pas un pensum technique qui passe à côté du principal : êtes-vous fait pour l'affiliation, pour le e-commerce ? et plus largement : êtes-vous un entrepreneur du Web ?

Ce livre existe pour vous guider dans toutes les étapes de cet outil méconnu qu'est l'affiliation. Il va vous éclairer sur toutes les étapes de l'affiliation et répondre aux questions les plus importantes :

- Qu'est-ce qu'un affilié*[1] ?
- Qu'est-ce qu'un annonceur* ?
- Qu'est-ce qu'une plate-forme d'affiliation* ?
- Qu'est-ce qu'une bonne affiliation et par voie de conséquence qu'est-ce qu'une mauvaise affiliation ?
- Quels gains pouvez-vous escompter de l'affiliation ?

Bref, tout ce dont vous avez réellement besoin pour monétiser votre audience et faire du e-commerce.

Un dernier mot. Il sera beaucoup question d'Amazon et de Google. Deux entreprises qui ont été les éclaireurs en la matière. Sans Amazon, l'affiliation n'existerait pas, sans Google – la porte d'entrée quotidienne sur Internet – l'e-commerce non plus !

PART DES OFFRES À LA PERFORMANCE DANS LE MARCHÉ DES BANNIÈRES PUBLICITAIRES (DISPLAY)

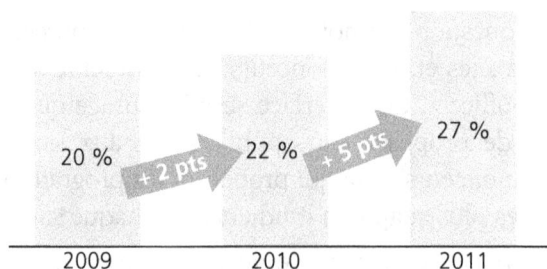

Source : Capgemini Consulting 2011.

1. Les mots suivis d'un astérisque (*) renvoient au glossaire.

Du marketing au Webmarketing

1

Comprendre que tout est marketing

Avant de rentrer dans le détail, il nous a semblé utile de rappeler quelques règles de base et de bon sens.

N'ayez pas peur du mot marketing

« Marketing » est juste un mot, un mot qui reprend toutes les recettes des succès commerciaux depuis la nuit des temps. Jusqu'à l'invention du mot en pleine crise de 1929 aux États-Unis, on faisait du marketing sans le savoir, comme de la prose chez Molière.

Le marketing tient en quatre lettres : les 4P. Vous les retiendrez aisément :

* *product* (le produit) ;
* *price* (son prix) ;
* placement (sa distribution) ;
* promotion (sa promotion, sa médiatisation, sa publicité).

Le marketing n'est qu'une question de bon sens : quel produit vais-je mettre sur le marché ? À quel prix vais-je le proposer ? Où et comment sera-t-il distribué et disponible ? Comment dois-je le faire connaître et quel message dois-je émettre ?

LA RÈGLE DES 4 P

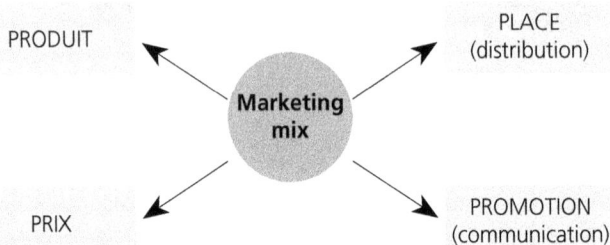

PRODUIT

PLACE
(distribution)

**Marketing
mix**

PRIX

PROMOTION
(communication)

Source : affility.

Tout est marketing, vous l'avez compris : lorsqu'une personne se présente devant un client, un employeur, lorsqu'elle doit séduire et se vendre. Pourtant, une fois posée cette simple question de bon sens stratégique sous ses quatre dimensions, vient le temps de la technique, ce que l'on appelle tout naturellement les « outils marketing ».

Et aussi le temps des professionnels. Il va falloir trier entre vos besoins d'abord, et entre les « spécialistes » qui s'offriront à vous. Il en est de nos professions comme des garagistes. Il faut savoir trouver celui à qui vous confierez votre voiture en confiance et qui vous présentera une facture transparente.

Le marketing en ligne s'est construit avec le Web, en marchant, jusqu'à l'apparition naturelle d'une pratique désormais installée : l'affiliation. Mais avant, revenons au marketing. C'est en comprenant l'avant et l'après que vous trouverez peut-être la voie du business sur le Net.

La règle des 4P, avant et après Internet

Le Webmarketing n'a pas trente ans. Il n'est pas encore majeur et pourtant, il est aux avant-postes. Il est partout où quelqu'un veut vendre quelque chose. À tel point que la fameuse règle des 4P, sur laquelle s'appuie le marketing traditionnel, a elle-même changé.

Les 4 P

Produit	Prix	Place (distribution)	Promotion (communication)
Qualité	Tarif	Canaux de distribution	Publicité
Caractéristiques et options	Remise	Points de vente	Promotion des ventes
Marque	Rabais	Zones de chalandise	Forces de vente
Styles	Conditions de paiement	Stocks et entrepôts	Marketing direct
Tailles	Conditions de crédit	Assortiments	Relations publiques
Conditionnement		Moyens de transport	
SAV garantie			

P COMME PRODUIT

Avant

Un produit était lancé sur le marché, sur la base de l'intuition, de l'observation, d'études, de découvertes… Ce produit, pour rencontrer son marché, devait répondre à un besoin, à une attente, à une envie.

Après

Le produit a changé avec le Web puisque le public dicte en direct ses choix et ses préférences. Plus question de concevoir et de fabriquer en masse un produit avant de sauter dans l'inconnue de sa mise sur le marché. Désormais, l'entreprise conçoit le concept du produit, sa matrice, et l'adapte à la demande.

P COMME PRIX

Avant

Le succès du produit, c'est-à-dire sa rentabilité, passait par ce qu'il était (voir « p comme produit ») mais aussi par son prix. Car c'est le prix de vente du produit (ou du service) qui dictait sa rentabilité. Trop cher, vous n'en vendiez pas, trop peu cher, vous deviez en vendre et en produire toujours plus pour atteindre le point mort. Entre les deux, le juste prix était affaire de jugement, d'observation de la concurrence, d'études, de maîtrise des coûts de revient. Le prix, c'est vous qui le déterminiez, et le marché tranchait. De plus, vous ne pouviez pas adapter le prix à la demande, ou alors après coup, c'est-à-dire souvent trop tard.

Après

Avec le Web, le prix n'est plus un facteur figé, gravé dans le marbre. Il est évolutif, il s'adapte à la demande. Avant, lorsque l'on parlait du concept d'élasticité au prix* (lorsque le prix est trop élevé et qu'il décroche du marché), on évoquait un élastique qui cassait ou revenait vers l'entreprise ; maintenant, ce concept est devenu non violent, l'élastique ne casse plus, il se tend ou se détend en direct. Le prix des produits change, les promotions ou le sentiment de promotion sont constants, les soldes ont lieu toute l'année, réelles ou apparentes, et le public a en permanence l'impression de faire une bonne affaire. On touche là l'une des

SITE D'UN COMPARATEUR DE PRIX

Le facteur prix est encore plus discriminant dans le e-commerce que dans le commerce traditionnel. Proposer des promotions est un facteur clé de succès.

révolutions du Web : le public fait le prix, le public cherche le meilleur prix, la meilleure offre et vous n'avez d'autre choix que de vous plier à cette révolution, sauf à détenir un monopole, auquel cas vous aurez encore la main sur le « facteur prix ».

P COMME PLACEMENT (LA DISTRIBUTION)

Avant

Où allait-on trouver votre produit ? Dans quel circuit de distribution (magasins, grandes surfaces, VPC) alliez-vous le faire référencer, demander à des revendeurs d'en acheter des stocks importants, avec tout ce que cela implique comme voyages, réunions, présentation, commandes, précommandes, gestion des stocks, des envois. Il vous fallait redoubler d'efficacité dans la réalisation de ce paramètre parce que c'est la distribution qui établit le contact final entre votre client et votre produit. Cet intermédiaire vous coûtait par ailleurs cher : généralement plus d'un tiers du prix de vente finissait dans sa poche !

Après

C'est encore une révolution, et peut-être la principale : plus besoin de boutiques, de revendeurs, de représentants, de franchisés, de vendeurs, de caissières pour toucher les clients. Ils entrent désormais chez vous d'un clic, depuis leur ordinateur ou leur téléphone. Pour créer une e-boutique*, un simple blog peut suffire à une personne seule, un simple site à une PME, ou une plate-forme à une grosse marque. Les moyens nécessaires, humains et financiers, sont microscopiques face à ceux qui nécessitent une mise sur le marché traditionnel. Parfois quelques euros, parfois quelques centaines de milliers d'euros, parfois plus dans le cas de marchands comme Yves Rocher ou la SNCF. Mais surtout, le temps où une boutique était dépendante de sa « zone de chalandise », c'est-à-dire du potentiel de clients où elle était implantée, est révolu. Si Internet est une vitrine et une boutique, elle est mondiale.

Le potentiel commercial de chaque produit et de chaque entreprise n'a désormais plus guère de frontières.

P COMME PROMOTION

Avant

C'était la phase finale de votre plan marketing. Vous aviez votre produit, son prix de vente, il était mis en rayon chez des distributeurs. Mais il fallait, le faire connaître, le lancer au sens propre, organiser sa promotion, sa publicité. Les médias devaient en parler (RP*), une campagne de publicité était obligatoire et c'était le poste dont vous maîtrisiez le moins les coûts et l'efficacité en fin de parcours.

Après

Sur ce point P comme publicité et promotion, c'est dorénavant la fin d'un calvaire pour les entreprises : fini les campagnes publicitaires coûteuses lancées dans la nature sans trop savoir si la cible visée est atteinte. La presse, la télévision, la radio, l'affichage n'aiment pas Internet qui les concurrence mais surtout les renvoie à leur efficacité toute relative et à leurs coûts élevés.

Désormais, le premier des médias sur lequel les annonceurs doivent investir est le Web. Ils ont mis quelques années à le comprendre mais le mouvement est lancé. D'une année sur l'autre, les investissements ne cessent de progresser et de la même façon que le haut débit a été le moteur de la croissance d'Internet durant la décennie écoulée, les mobiles et les tablettes en seront les moteurs sur la décennie en cours.

En résumé
1) Tout est marketing.
2) Si l'un des quatre éléments de votre marketing révèle des faiblesses, revoyez votre copie. On ne peut pas se développer avec un marketing bancal.

2

Passer du marketing au Webmarketing

Maintenant que vous « pensez marketing », vous êtes aptes à passer à l'étape suivante : adapter votre projet à l'esprit d'Internet.

Jusqu'à Internet, le marketing était affaire de spécialistes. Ceux-ci vendaient des études de marché, des campagnes de publicité, de promotion sur les lieux de vente, de l'espace dans les médias, des prétests de produits et de campagnes, des post-tests et, comme disait, dès les années 1920, John Wanamaker, un grand annonceur américain : « Je sais que la moitié de mon budget publicitaire est investie en pure perte, mais je ne sais pas quelle moitié. »

Avec l'arrivée d'Internet, c'est non seulement un nouveau média qui s'est immiscé puis imposé avec son propre modèle économique, mais aussi de nouveaux spécialistes, des nouvelles grilles de rémunération et surtout une opportunité immense pour chacun de lancer sites, produits et services avec succès.

À RETENIR Internet, c'est le marketing pour tous et surtout le capitalisme pour tous.
Internet, c'est l'autoentreprise avant l'autoentrepreneur.
Internet, c'est le capitalisme à domicile.

Une e-évolution ? Non, une e-révolution !

Internet a initié une succession de révolutions ; révolution de l'information d'abord, puis révolution du commerce. En effet, le Web n'est pas seulement un débouché supplémentaire, une vitrine mondiale, c'est un lien.

Avant, les entreprises vendaient des produits à des clients *via* des intermédiaires (les distributeurs). Maintenant, même si elles n'ont pas abandonné ce circuit traditionnel, elles sont en contact direct avec leur client final, et pas seulement le temps d'une vente.

Acheter sur le Web, c'est en effet donner à l'entreprise une foule de renseignements qu'elle peut exploiter : les coordonnées pour contacter le client et lui envoyer de l'information sur les nouveautés et les promotions, mais aussi ses goûts, ses centres d'intérêts, sa géolocalisation*, etc., qui sont autant d'atouts pour transformer le client ponctuel en client régulier.

À RETENIR   L'entreprise n'est plus un prestataire ponctuel, c'est un contact régulier pour le client, on peut même parler d'un « partenaire ».

On est toujours le partenaire de quelqu'un

Partenaire est l'un des mots-clés de ce livre, car il résume la révolution du commerce sur Internet dont le fer de lance est « l'affiliation ». Si vous avez quelque chose à vendre – et peu importe votre taille – vous devenez un partenaire de celui avec lequel vous allez contracter. Pourquoi ? Parce que le Web entraîne une interactivité jusque dans les rapports marchands. Entre le vendeur et l'acheteur, lorsqu'un lien s'établit, il est destiné à durer, à grossir et à établir un contrat de confiance marqué sous le sceau du gagnant-gagnant.

Ce que l'on appelle le cyber-marketing, le marketing digital, le Webmarketing* ou encore le e-marketing, ce n'est pas seulement l'appellation du marketing appliqué à Internet, à positionner à côté du marketing traditionnel, à côté de la publicité, des RP et de la promotion des ventes. Le réduire à cela est soit une erreur soit la volonté de certains de ne pas voir la réalité, parce qu'ils ne la maîtrisent pas et n'en connaissent pas les outils.

Le Webmarketing c'est le marketing d'après Internet, c'est le marketing du XXIe siècle, rien de plus, rien de moins. Le Webmarketing est né avec le Web, à la fin du XXe siècle.

On peut commencer à dater sa naissance symbolique avec :

- 1971, l'envoi du premier e-mail. Il n'y avait pas encore de publicité dans cet e-mail, mais patience… ;
- 1994 (27 octobre) la première bannière* publicitaire pour AT&T en haut d'une page Web du magazine hotwired.com. Son format : 480 × 60. Elle ouvrait la voie à des millions d'autres…

LA PREMIÈRE BANNIÈRE PUBLICITAIRE EN 1994 POUR AT&T

« Avez-vous déjà cliqué ici avec votre souris ? »

- 2000 (23 octobre) apparition du premier adword* par Google.

En fait, le Webmarketing s'est construit pierre après pierre, pixel* après pixel pourrions-nous dire, en même temps que le Web lui-même, au gré des inventions et des innovations qui ponctuent sa croissance.

Think different !

Immortalisé par Apple pour ses grandes campagnes de publicité, le *Think different* s'applique formidablement bien aux révolutions successives du Web. Il s'est créé en réfléchissant autrement avec des entrepreneurs qui ne pensaient pas comme tout le monde :

- si on vendait des mots-clés*, les mots les plus consultés à des clients (Google en 2000) ?
- si on diffusait des bannières publicitaires cliquables (Microsoft Click Trade devenu bCentral, 1996) ?
- si on inventait un site de petites annonces gratuites (Craiglist en 1995) ?
- si on permettait à chacun de s'exprimer dans une page perso (ancêtres des blogs*) (Tripod en 1994, Xoom, Multimania [ex-Mygale] en 1996, iFrance en 1996) ?
- si on créait une librairie sans librairie en proposant aux autres de toucher une commission sur les livres que l'on vendrait grâce aux clients qu'ils nous enverront (Amazon*, 1996) ?
- si on lançait une vente aux enchères mondiale de tout ce dont tout le monde veut se débarrasser en touchant un pourcentage sur les ventes (eBay*, septembre 1995) ?
- si on créait un réseau pour y regrouper nos amis et s'y faire des amis (Facebook en 2004) ?

À RETENIR   Le Webmarketing est partout désormais et pas seulement sur Internet. Il fait partie de notre vie quotidienne.

Acheter un livre sur Amazon, vendre un objet sur eBay, cliquer sur un adword, recevoir des e-mails publicitaires, être abonné à une newsletter*, chercher et peut-être trouver l'âme sœur sur Meetic, pister les soldes, acheter un voyage, comparer les prix pour trouver le moins cher, etc., sont des actes réguliers de nos vies désormais.

Mais ne nous y trompons pas. On n'achète pas plus qu'avant, en volume dépensé. On achète mieux donc on peut acheter plus. Et en plus, on peut revendre. Internet c'est la démocratisation du capitalisme.

3

Apprendre à manier
les outils du Webmarketing

« Webmarketing » est un mot qui englobe une palette d'outils et de moyens chaque année plus nombreux. Ne vous perdez pas dans les détails. Voici les principaux, ceux que vous aurez à utiliser. Impossible de faire du Webmarketing sans les outils qui l'accompagnent. Ils sont simples à comprendre et simples à manier.

Les bannières publicitaires

Les bannières* représentent la partie visible de l'iceberg publicitaire. Elles sont apparues très vite après la création des premiers sites Web. Elles sont le pendant électronique des pages de publicité dans la presse et, du point de vue des consommateurs, elles sont souvent perçues comme intrusives parce que la bannière de base a vite ouvert la voie à d'autres formats comme les fenêtres surgissantes (les pop-up*).

Il existe une quinzaine de formats différents, de tailles standard. Les plus utilisés sont détaillés ci-après.

LA BANNIÈRE SIMPLE

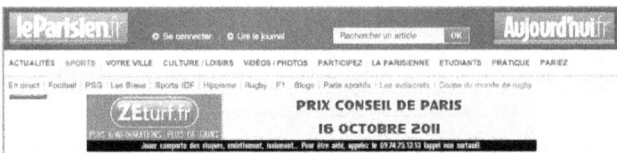

468 pixels de large et 60 de haut, elle est généralement positionnée en haut de page, à côté, au-dessus ou au-dessous du logo. Ce format historique est de moins en moins utilisé. Il a laissé sa place à la big banner (728 pixels de large par 90 de haut).

LE CARRÉ

350 pixels par 250, il est généralement situé dans la partie droite de l'écran.

LE SKYSCRAPER

120 ou 160 pixels de large par 600 de haut), c'est une bannière verticale.

L'INTERSTICIEL

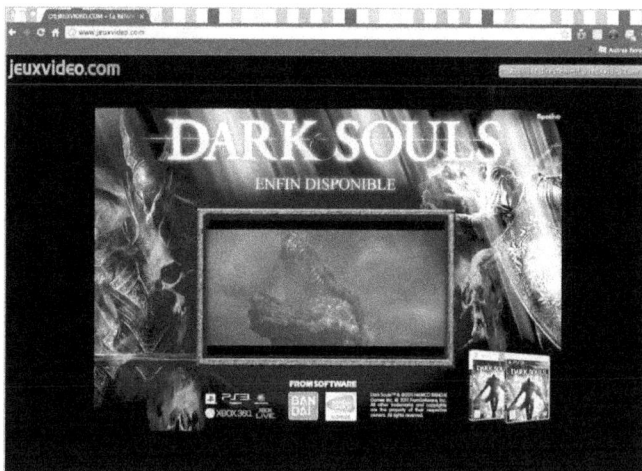

C'est une fenêtre publicitaire qui s'affiche avant le site demandé.

LE POP-UP SIMPLE

Sa dimension est variable. Il s'affiche de manière intrusive par-dessus le site. Il est généralement peu apprécié. L'internaute doit fermer le pop-up en cliquant dessus pour revenir à sa lecture.

LE POP UNDER

C'est une fenêtre qui s'ouvre automatiquement en accédant au site, comme le pop-up, mais sous la page demandée. Le pop under, vous le connaissez et en tant qu'internaute, vous le détestez.

Ces deux derniers formats sont très intrusifs et peu appréciés par les internautes. S'affichant hors du site, ils ont souvent un impact immédiat plus élevé puisqu'ils viennent en premier plan et que leur taux de clic est beaucoup plus fort que les formats classiques.

ÉVOLUTION DU TAUX DE CLIC DES PUBLICITÉS DISPLAY

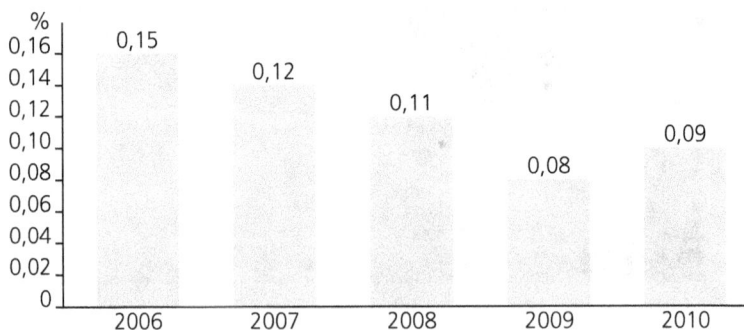

Source : Mediaminds 2010, http://reyt.net.

L'érosion de l'efficacité au clic s'explique parce que le display est devenu un outil de publicité d'image et non de transformation au clic.

Cependant, il faut relativiser cette baisse d'efficacité des modules publicitaires classiques (displays) puisque, contrairement aux médias traditionnels, ils coûtent à l'annonceur moins cher que dans les médias anciens parce que le CPM* (coût pour mille affichages) est énormément plus faible sur Internet qu'en presse télé ou radio.

Les mots-clés

Un bon mot-clé acheté vaut mieux qu'une grosse campagne. En effet, le mot-clé, ou keyword*, est le pivot de l'interactivité entre le fournisseur et le consommateur.

Jusqu'à Internet, les mots-clés étaient l'outil des documentalistes et des bibliothécaires. Livres et articles étaient indexés dans leurs bases de données avec des mots-clés précis issus de thésaurus*. C'était l'époque où le consommateur ne pouvait pas rechercher seul ce qu'il voulait trouver. Les mots-clés étaient réservés à l'information. Tout a changé à l'apparition des moteurs de recherche sur le Web et surtout de Google qui a construit son succès justement sur les mots-clés.

Exemple

Lorsque vous tapez le mot-clé « voyage » sur Google, voilà ce qui apparaît. Vous remarquerez que ce sont les marques qui ont acheté à Google le droit d'être affiché lorsque vous tapez ce mot, qui apparaissentt en premier – Last-minute, Groupon, Ecotour, SNCF, Go voyages et Nouvelles-Frontières sont les premiers à s'afficher avec des expressions accrocheuses : « voyages promo », « jusqu'à moins 70 % sur voyages », « billet avion pas cher »…

RECHERCHE PAR MOTS-CLÉS : VOYAGE

Moteurs de recherche classés en part de marché aux États-Unis (janvier 2012)

Entité de recherche	Décembre 2011	Janvier 2012	Différence décembre/janvier
1. Google	65,9 %	66,2 %	+ 0,3 ↑
2. Yahoo!	14,5 %	14,1 %	− 0,4 ↓
3. Microsoft	15,1 %	15,2 %	+ 0,1 ↑
4. Ask Network	2,9 %	3,0 %	+ 0,1 ↑
5. AOL LLC Network	1,6 %	1,6 %	0,0 =

Source : Baromètre moteurs USA janvier 2011, by ComScore.

Pourquoi Google est-il un passage obligé ?

Tout dépend et tout découle de Google : votre e-boutique n'existe pas si Google ne l'affiche pas. Les chiffres sont significatifs :

- 91 % des Français utilisent Google (contre 65 % des Américains) ;
- 34 000 requêtes par seconde soit 3 milliards par jour sur l'ensemble des sites Google de la planète (chiffres 2010) ;
- les requêtes effectuées depuis un mobile ont augmenté de 30 % par rapport au trimestre précédent (chiffres octobre 2009) ;

- plus de 1 milliard de visiteurs uniques mensuels sur l'ensemble des sites de Google ;
- 2 milliards de vidéos vues chaque jour sur YouTube en 2010 contre 1 milliard en 2009 et 100 millions en 2007 ;
- 160 millions de vidéos vues par jour sur des mobiles *via* YouTube ;
- Google est le numéro 1 de la publicité en ligne ;
- la publicité représente environ 97 % du chiffre d'affaires de Google ;
- Google gère 1 000 000 d'annonceurs dans AdWords (chiffres 2009, *source* : ZD Net) ;
- sans Google, le e-commerce ne se serait pas imposé si vite !

En quelque sorte, avec Google, le grand public est devenu adulte : il a pu accéder à la recherche naturelle et personnelle d'informations.

Techniquement, les moteurs de recherche enregistrent les mots qu'ils trouvent sur les pages Web, et grâce à des algorithmes de plus en plus précis, ils les mettent en face des requêtes effectuées par les utilisateurs lorsqu'ils recherchent quelque chose sur leurs claviers. Les mots-clés sont ainsi isolés de tous les autres mots (articles, adverbes, verbes, compléments) afin de vous fournir une réponse qui tend à la précision. C'est Google qui a eu l'idée, en 2000, de créer les premiers mots-clés publicitaires. Ils ont fait sa fortune !

Avec Google les adwords* (mots-clés) sont désormais le nerf de la guerre sur Internet, ils s'achètent, se revendent, se précisent mais comme toutes les inventions géniales, ils sont copiés et détournés.

Néanmoins, les mots-clés, achetés ou non, sont définitivement incontournables pour être visible sur le Web. La première chose à faire lorsque l'on crée un site, c'est de faciliter son référencement* à travers les mots-clés qui correspondent le plus précisément à son contenu.

Exemple

Les mots-clés du site ou d'un article sont tapés dans un espace dédié et ainsi les moteurs les enregistreront en priorité, c'est ce que l'on appelle les méta-tags*. Un site mal « tagué » est assuré d'être moins visible.

Les mots-clés ne sont désormais plus suffisants pour rester dans les premières pages des moteurs de recherche. Ils doivent être accompagnés d'expression ou d'autres mots qui susciteront la curiosité ou l'intérêt du consommateur. Une bonne recherche s'effectue désormais naturellement en tapant plusieurs mots-clés (le produit que l'on cherche, ajouté à des mots comme « moins cher », « promo », un lieu, etc.).

Attention à la Google dépendance !

Ne mettez pas tous vos œufs dans le même panier. Lorsque Google change les algorithmes de ses robots qui scannent le Web en permanence, l'ordonnancement des sites et leur visibilité peuvent être chamboulés et certains sites disparaître des radars. Les sites trop clairement destinés à faire de l'audience avec un contenu venu d'autres sites ont perdu jusqu'à 40 % de leur audience lors du changement d'algorithme par Google (baptisé joliment « Panda »).

La géolocalisation

Depuis un ou deux ans, l'ordinateur affiche des annonces publicitaires ou des réponses aux requêtes qui prennent en compte le lieu de résidence ou bien même celui où l'internaute se trouve à l'instant de sa connexion. C'est un grand pas vers la publicité personnalisée, celle qui répond avec précision à l'attente ou tout au moins au profil de chaque consommateur.

Techniquement, la géolocalisation repose sur les données dont disposent les FAI* ou les moteurs de recherche. Sur son ordinateur, l'internaute est géolocalisé par son adresse IP, son wifi, mais sur les smartphones, on peut même aller plus loin : GPS*, puces RFID et autres innovations qui permettent déjà aux annonceurs

L'INTERNAUTE A ÉTÉ GÉOLOCALISÉ

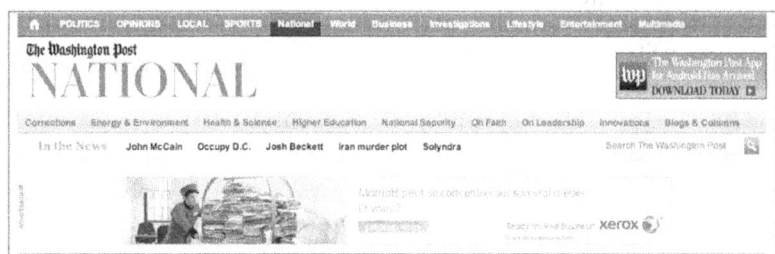

Un exemple made in France : Xerox France présent sur le site du Washington Post.

d'informer le client potentiel qu'il passe devant une boutique qui fait des promotions. Mieux encore, croisées avec les données personnelles (âge, centres d'intérêts, etc.) que l'internaute a laissé sur tel ou tel site, les offres commerciales géolocalisées peuvent être couplées à des offres encore plus personnalisées.

La géolocalisation annonce la fin de la publicité de masse et le début de la publicité individualisée, sur mesure !

Le marketing 2.0

Le marketing 2.0 est un terme vague, un mot-valise, un fourre-tout qu'il convient de définir avec précision tant il recèle de richesses et de banalités.

Le terme est né en 2005, dans la foulée de l'expression Web 2.0, qui permet la création et l'échange de contenus générés par les utilisateurs. Le Web 2.0 marque le tournant de la deuxième époque du Web, plus interactif, plus personnalisé, plus utilisable par chacun. C'est le Web des blogs*, sources d'information créées par tous, mais aussi des commentaires que l'internaute laisse sous les articles, des discussions qui en découlent, des vidéos qu'il poste, des flux RSS* ou des newsletters* auxquels il s'abonne, des comparateurs de prix* qu'il utilise avant d'acheter, des sites de vente en ligne.

Bref, le Web 2.0, c'est l'avènement d'un Internet qui est nourri par tous et plus seulement par ceux qui détiennent un contenu (les médias) ou les entreprises et leurs sites vitrines. C'est aussi un outil de socialisation entre les individus, qu'ils soient consommateurs d'informations ou consommateurs de produits et services. Le marketing 2.0 en est la suite logique.

Il marque la fin du marketing « à la papa » avec d'un côté un émetteur et de l'autre un récepteur. C'est la fin des médias unidirectionnels et primaires, c'est la fin du monologue, c'est le début d'une ère de socialisation entre les publics et aussi d'un rapport nouveau et équilibré entre les institutions (entreprises, médias, etc.) et leur cible.

En résumé le marketing 2.0 a permis aux annonceurs et aux publicitaires de s'emparer de ces nouveaux supports que sont les blogs, de surveiller et d'intervenir sur les forums de discussion, de créer des newsletters, jusqu'à la révolution qui marque son apogée : les réseaux sociaux* comme MySpace, Facebook, Twitter, LinkedIn, etc.

Les réseaux sociaux

Vous l'avez compris, le Web tend à ressembler à son public, il évolue avec lui.

Les réseaux sociaux sont la nouvelle pierre angulaire de ce monde électronique. Les premiers forums de discussion sont leurs ancêtres. Un réseau social se crée dès lors que plusieurs individus sont reliés et échangent autour de centres d'intérêt ou d'appartenances communs.

Les deux termes « réseau » et « social » sont les deux pistons du moteur de la vie en société ; dès lors, comment s'étonner de leur succès fulgurant ? Facebook, Viadeo, LinkedIn, Copains d'avant, Twitter sont presque devenus des noms communs !

Tableau de la pénétration des réseaux sociaux en France

	Total visiteurs uniques	Temps moyen par visiteur en minute sur 1 mois
Total internautes France	46 910 000	1 440,03
Catégorie réseaux sociaux	37 810 000	247,4
Facebook	32 872 000	254,9
Skyrock	10 770 000	39,7
Windows Live Profile	8 083 000	4,9
Copains d'avant	3 939 000	8,5
Badoo	2 626 000	94,3
Viadeo	2 285 000	9,3
LinkedIn	2 242 000	6,4
Trombi	2 201 000	3,6
Twitter	2 048 000	7,7

Classement des 10 principaux réseaux sociaux en France, classés en nombre total de visiteurs uniques (en milliers). Total pour la France, 6 ans et plus, domicile et travail.

Source : Comscore – décembre 2010.

Comme le tableau le montre, Facebook est le plus connu d'entre eux. Il est né d'une idée simple dans le cerveau d'un étudiant geek* : comment se faire des amis lorsque l'on passe plus de temps derrière son écran qu'à l'air libre ?

Le succès de Facebook est aussi important que celui de Google. En effet, avec plus de 500 millions de membres dans le monde entier, avec 23 millions de membres en France (sur 65 millions d'habitants), Facebook est devenu un Internet à l'intérieur d'Internet.

Les catalogues produits en format dynamique

Ce moyen publicitaire indispensable est inséré sur le site *via* un flux XML* qui met à jour en direct l'offre de l'annonceur et les produits qu'il veut médiatiser. Avantage : c'est la gamme qui défile et le consommateur se promène, comme dans les rayons d'un magasin, augmentant ainsi les tentations de cliquer.

Les e-mails et les newsletters

La boîte aux lettres électronique a longtemps été le moyen le plus sûr de toucher quelqu'un, mais 95 % des e-mails reçus chaque jour dans le monde entier sont des spams, ce qui noie les envois qualifiés dans une masse suspecte. Néanmoins, une fois passé ce filtre, si les envois des annonceurs ne sont pas catalogués comme spams, l'efficacité du support e-mail est forte et l'attention de l'internaute est centrée sur ce qu'il a reçu, qu'il s'agisse d'une offre promotionnelle ou d'une newsletter.

La publicité sur mobile et le « m-commerce »

Le mobile est le support qui, au cours de cette décennie, va tirer l'ensemble de la croissance d'Internet.

Les nouveaux types de publicité connaissent toujours un taux de clic élevé mais qui décroît quand leur usage s'étend. Entre 2006 et 2010, le taux de clic moyen sur une bannière publicitaire a chuté de moitié : il était de 0,09 % de clic par visiteur en 2010 contre 0,15 % en 2006. L'internaute est devenu mobile. C'est une révolution dans la révolution. Les taux de clic sont plus élevés sur les smartphones que sur les ordinateurs. Le caractère nouveau du support joue un rôle d'accélérateur sur le comportement des utilisateurs de mobiles.

Les taux de clics resteront élevés sur mobile, mais attention, de par la taille de l'écran, le e-commerce sur mobile (m-commerce*) est un commerce de nomade, de réservations de billets de train, pas encore de e-shopping. En revanche, les tablettes, si elles confirment leur percée mass-market, sont un format optimal, nomade et graphique qui autorise tous les projets.

LES TAUX DE CLICS WEB/MOBILE

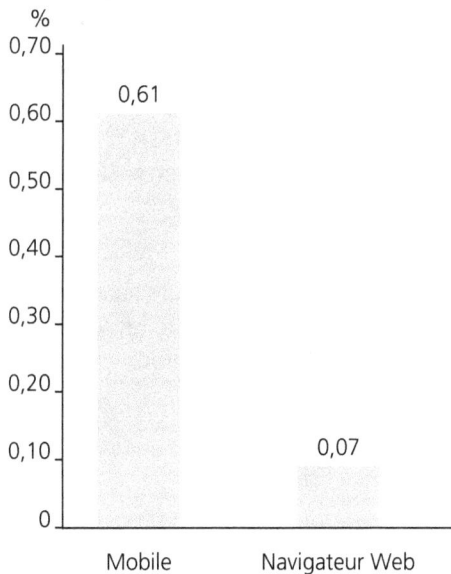

Source : Mediaminds 2010 – http://reyt.net.

Trois chiffres pour signifier que les mobiles sont les moteurs de croissance d'Internet de la décennie au même titre que le haut débit l'était de la précédente :

- au 1er semestre 2011, les smartphones représentaient désormais près d'un quart des ventes totales de mobiles dans le monde ;
- 15 % du trafic Internet proviendra de mobiles en 2012 ;
- le taux de clic sur mobile est 9 fois plus élevé que sur navigateur Web.

Le potentiel des mobiles est un potentiel de transfert des ordinateurs fixes vers des téléphones intelligents. Le m-commerce est le moyen idéal pour consommer des services. On y lit désormais ses e-mails, on passe des commandes simples, on vérifie des prix et des horaires, on suit la Bourse…

Lorsqu'un site Internet n'est pas optimisé, la navigation devient un véritable calvaire : l'internaute s'enfuit avant même d'avoir obtenu l'information qu'il recherche, et ira sur le site d'un de vos concurrents. Les plates-formes de blogs les plus répandues comme WordPress, Blogger ou Typepad affichent automatiquement sur les smartphones des versions mobiles des blogs de leurs membres ou clients. Et les comparateurs de prix ne sont pas en retard : ils existent déjà en applis.

CONSEIL   Pensez tout de suite à l'adaptation de votre site sur smartphone et sur tablette. Les prestataires Web proposent des packages où tous les formats de sites sont inclus.

Partie 2

L'affiliation,
qu'est-ce que c'est ?

4

Amazon,
l'inventeur de l'affiliation moderne

Comme toutes les inventions importantes, l'affiliation sur Internet a déjà une histoire, des inventeurs, des défricheurs, des leaders, des milliardaires… On peut considérer que l'histoire de l'affiliation commence sur Internet avec Amazon. En effet, on présente souvent Amazon comme un modèle d'affiliation. C'est en tout cas le plus ancien et le plus efficace.

LA PREMIÈRE PAGE D'AMAZON EN 1995

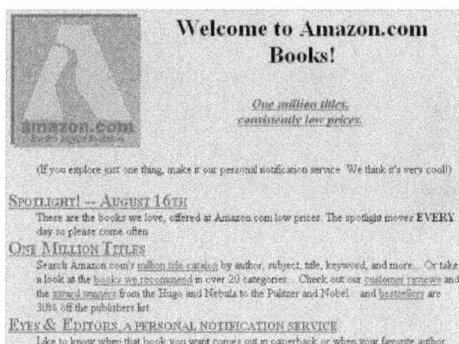

Amazon a été inventé par Jeff Bezos qui, pourtant parti de rien, en est toujours le P-DG. En 1995, celui-ci quitte la côte Est des États-Unis avec femme et enfants en quête de ce qu'il pourrait faire pour subvenir aux besoins de sa famille. Entrepreneur dans l'âme, il comprend qu'Internet est le nouvel eldorado. Il cherche alors une bonne idée, quelque chose dont les consommateurs auraient besoin. Celle-ci lui vient alors qu'il est quelque part entre New York et Seattle : un libraire en bas de chez soi, qui vendrait les livres moins cher qu'ailleurs, qui livrerait en quelques jours, qui éviterait aux clients de se déplacer puisque tout se ferait sur Internet.

Cette idée était la bonne.

Même si le livre n'est pas un produit de première nécessité, Jeff Bezos venait d'inventer Amazon, sans savoir qu'en dix ans, il deviendrait aussi connu et aussi consommé… que Coca-Cola dans le monde. Amazon est devenu le premier libraire mondial, le premier vendeur de produits culturels et c'est une valeur vedette de Wall Street, un modèle que l'on cite en exemple et que l'on étudie dans les écoles de commerce !

Mais le vrai coup de génie de Jeff Bezos n'est pas d'avoir inventé Amazon, c'est d'avoir compris que si ses futurs clients étaient devant leur ordinateur sur le Net, c'est là qu'il fallait aller les chercher. Très vite, il a donc proposé aux sites et aux blogs d'afficher sur leurs pages des liens commerciaux vers Amazon, des widgets* personnalisés (des mini-logiciels) de toutes sortes qui donnent accès aux best-sellers du moment ou au livre dont vous venez de parler sur votre blog. Son slogan : « Vendez nos livres, vous toucherez une commission ! »

« "Les widgets Amazon" sont une série de petits éléments facilement configurables qui peuvent être utilisés pour mettre en évidence des produits Amazon.fr sur des blogs, des sites Web et des pages du réseau social. Les utilisateurs peuvent facilement construire leur propre widget Amazon personnalisé en une minute environ au moyen d'une interface Web facile à utiliser qu'ils trouveront à cette adresse *http://widgets.amazon.fr*. Les gens qui veulent faire de l'argent en utilisant le widget Amazon

peuvent s'inscrire au Programme Partenaires Amazon » (*https ://
partenaires.amazon.fr/gp/associates/help/t22/a1*).

Appliquer ces *widgets* sur un blog et s'enregistrer ne prend que
quelques minutes.

**QUELQUES *WIDGETS* CRÉÉS PAR AMAZON
ET MIS À LA DISPOSITION DE CHACUN**

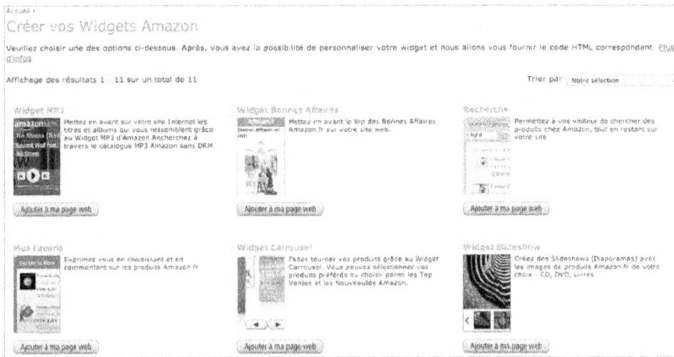

*Sur son site, Amazon propose onze widgets. Toutes les nouvelles applications d'Amazon pour
les affiliés sont compréhensibles et adaptables en quelques clics. Avec Amazon, Internet est
devenu facile.*

PAGE D'ACCUEIL CLUB PARTENAIRES D'AMAZON

Amazon a ainsi inventé une rémunération pour les clients qui
arrivent par le biais d'un autre site : jusqu'à 10 % du prix de

vente des produits ! Chaque jour, une bonne part de ses clients arrive grâce à son réseau d'affiliés, le premier à être apparu.

Amazon a aussi compris que pour augmenter le nombre de ses clients il fallait qu'il augmente le nombre de ses services. En proposant toute une palette de facilités, il a rendu facile et accessible (gratuit) la vente sur Internet.

SERVICES AMAZON SUR LA PAGE D'ACCUEIL CLUB PARTENAIRES

Obtenir des liens	Widgets	aStore
Créez des liens vers des produits Amazon, vers des résultats de recherche, vers vos destinations favorites ou toutes autres pages sur Amazon.	Vous voulez quelque chose qui sort du commun, qui offre un contenu riche et interactif aux internautes visitant vos pages Web ?	Présentez les produits Amazon de votre choix dans une mini-boutique autonome intégrée directement dans votre page Web.
En savoir Plus	En savoir Plus	En savoir Plus

5

L'affiliation : comment ça marche ?

Imaginons que vous ayez créé votre blog ou votre site. Imaginons que les statistiques (surtout Google Analytics*) montrent que des visiteurs viennent vous voir, consultent vos pages, et même reviennent. Si vous avez du trafic et si vous savez qui vient sur votre site, vous être susceptible d'intéresser les annonceurs et les

EXEMPLE D'UN RELEVÉ GOOGLE ANALYTICS

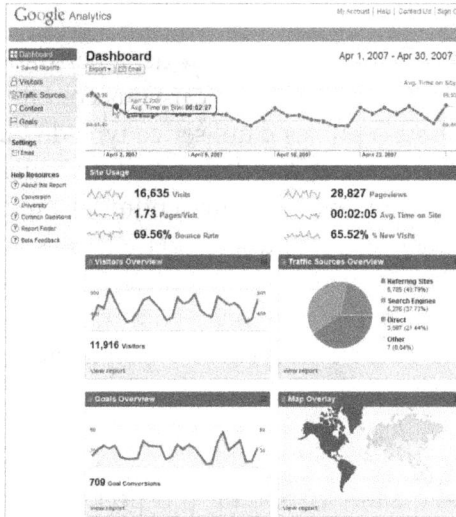

Sur le relevé sont indiqués, entre autres données, le nombre de visiteurs, le nombre de pages vues, le nombre de pages vues par visite.

publicitaires et plus particulièrement ceux qui pratiquent l'affiliation. À ce moment-là vous avez la possibilité de revendre votre trafic et d'en tirer du profit. En échange, la plate-forme d'affiliation vous proposera des campagnes de publicité à diffuser sur votre site ou votre blog.

C'est ce que nous allons voir plus précisément.

Les quatre mots-clés de l'affiliation

L'affiliation est tout à la fois le lien et le chiffre d'affaires généré entre deux sites, le site de l'affilié, le site de l'annonceur.

Mais avant d'aller plus loin il y a des mots que vous devez intégrer absolument si vous voulez comprendre le fonctionnement de l'affiliation. Quatre mots reviennent tout le temps : annonceur, affilié, partenaire, plate-forme d'affiliation.

Annonceur

L'annonceur ou le site « annonceur » de la personne (nous insistons sur cette notion de personne car vous comme moi sommes potentiellement susceptibles d'utiliser ce type de business accessible à tous) ou de l'entreprise détentrice est vendeuse d'un bien ou d'un service. L'annonceur, pour vendre ses produits en ligne, doit communiquer vers ses publics et être le plus vu possible sur beaucoup de sites par le biais de publicités (displays) qui sont à cliquer. Pas de clics, pas de ventes. Pour augmenter sa visibilité et donc ses ventes, il est en recherche permanente de nouveaux sites, d'affiliés.

Affilié

L'affilié ou le site affilié envoie un prospect ou un client vers le site annonceur. C'est lui qui va apporter du trafic aux sites de e-commerce et assurer leurs revenus. C'est sur son site que les publicités seront cliquées… ou non. Pour cela, l'affilié doit obligatoirement adhérer à un programme d'affiliation choisi et dont il mesurera régulièrement l'efficacité.

Partenaire

Le partenariat (terme choisi par Amazon et adopté par tous les acteurs de l'affiliation) résume en un mot clair la philosophie du lien commercial qui unit un affilié à un annonceur. L'affiliation relie deux partenaires qui tirent profit d'un même acte d'achat, et non pas, comme dans l'ancien monde, dans une relation de client à fournisseur.

Entre les deux partenaires, un contrat préalable existe, qui permet à l'affilié de faire payer à l'annonceur le service qu'il vient de lui rendre : décrocher un nouveau client.

plate-forme d'affiliation

La plate-forme d'affiliation est l'outil technique qui sert d'interface entre les deux partenaires. C'est sur la plate-forme que l'annonceur propose ses modules publicitaires et que l'affilié choisit ceux qui lui semblent le mieux lui correspondre. C'est également sur la plate-forme que s'enregistrent le trafic et la fréquentation des sites partenaires, que se mesure le chiffre d'affaires généré, que se calcule la commission des affiliés et leur paiement mensuel sur la base de ces chiffres. Quant à la rémunération de la plate-forme, elle prend la forme d'une commission sur le reversement à l'affilié.

Les grands principes de l'affiliation

CHOISIR SA STRATÉGIE D'AFFILIATION

Il existe quatre stratégies possibles d'affiliation pour l'annonceur :

- générer des ventes ;
- des prospects ;

• du trafic ;

• ou encore de la visibilité.

C'est en fonction de ce que vous envisagez comme objectif que vous bâtirez ensuite votre programme d'affiliation, votre offre et les créations publicitaires qui lui seront liées. En effet, une marque automobile va chercher à transformer des internautes en prospects pour essayer une nouvelle voiture, un site de comparaison de prix va viser la réalisation d'audience, un e-commerçant va viser les ventes, etc.

La stratégie pour générer des ventes

Il vous faut avoir un catalogue de produits le plus complet possible, avec des prix compétitifs et enfin mettre à disposition de l'affilié votre flux catalogue afin que celui-ci puisse le relayer sur son site (notamment pour les comparateurs de prix, cashbacker, sites de bons de réduction).

Surveillez aussi votre réputation car vos futurs clients consultent en permanence le Web et lisent dans les forums ce qui se dit sur vous, sur la qualité de vos produits et/ou leur prix, les délais de livraison respectés ou pas, le SAV…

La stratégie pour générer des prospects

Le choix de cette stratégie implique la constitution d'une base de données qualifiée. Un bon moyen est de créer un jeu concours avec lequel vous allez pouvoir recruter. Dans le formulaire d'inscription, choisissez les champs qui vous semblent essentiels dans votre stratégie de communication (inutile de demander la date de naissance si vous ne communiquez pas avec votre prospect en fonction de ce critère), cela vous fera une économie non négligeable sur votre CPL (coût par lead).

À RETENIR   Pensez bien le processus de votre jeu, il ne suffit pas de recruter pour recruter mais de recruter pour transformer un maximum de prospects en clients.

**EXEMPLE DE FORMULAIRE D'INSCRIPTION À UN JEU CONCOURS
RÉALISÉ PAR BONZAÏ INTERACTIVE POUR BOSE**

Si vous souhaitez faire une demande de catalogue, de rendez-vous, d'essai, de Web call-back*, mettez toujours en avant les atouts de votre ou de vos produits !

La stratégie pour générer du trafic

Générer rapidement du trafic sur votre site, c'est créer les conditions pour avoir un maximum de visites. Optez pour une rémunération au clic car beaucoup plus attractive pour vos affiliés.

> **BON À SAVOIR**
> Évitez de sous-payer vos affiliés. Calculez le « juste prix », c'est-à-dire celui avec une rentabilité que vous jugerez correcte pour vous et vos affiliés.

La stratégie pour générer de la visibilité

Pour améliorer votre visibilité sur Internet, l'affiliation est la stratégie la moins coûteuse. Grâce à elle, vous créez de la visibilité à des CPM* (coût pour mille affichages) très inférieurs à ceux des médias classiques ou online. Ne vous attendez pas non plus à être présent sur des sites comme lemonde.fr, lefigaro.fr, TF1.fr, etc. Cela n'a aucune importance puisque vous toucherez les mêmes internautes.

Mettez en avant votre marque et/ou votre focus produit sur vos créations.

> **À RETENIR**   Dans tous les cas, la création graphique de vos bannières et e-mailing doit être le plus attractive possible pour plaire à vos futurs clients, vos affiliés et leur donner envie de relayer votre programme. Mettez en avant une accroche percutante, un tarif concurrentiel, une image valorisante de votre produit...

PAS DE PRESTATAIRES, QUE DES PARTENAIRES !

Ici, pas de clients, pas de fournisseurs, il n'y a que des partenaires.

Qu'est-ce qu'un partenaire ? Le partenariat est le « contrat » qui relie l'annonceur au site affilié, c'est-à-dire l'e-commerçant à l'affilié (ou éditeur) de site ou de blog. Ce « contrat », ou programme d'affiliation*, indique dans quelle mesure l'affilié sera rémunéré s'il attire des clients sur le site de l'annonceur.

Le programme d'affiliation est la campagne publicitaire d'un annonceur mise à disposition des affiliés selon un modèle de rémunération proposé par l'e-commerçant ou la marque qui communique.

PLUSIEURS MODES DE RÉMUNÉRATION POSSIBLES : À L'AUDIENCE OU À LA PERFORMANCE

La rémunération de l'affilié au programme de l'annonceur peut prendre plusieurs formes :

1) *la rémunération au clic*, c'est-à-dire au volume d'audience qui provient d'un site vers celui d'un annonceur. C'est un modèle qui n'est pas privilégié par l'e-commerce ;

2) *la rémunération à la performance*, c'est-à-dire à l'acte et non à la visite. Le site est rémunéré au nombre d'actes concrets qu'effectueront les internautes venant de chez lui sur le site de l'annonceur.

Le paiement à l'acte, c'est le paiement à l'acte d'achat. Cette rémunération peut prendre deux formes :

1) la forme de pourcentage sur les ventes (si un internaute achète sur Amazon un livre en venant de votre site, vous toucherez jusqu'à 10 % de commission sur le volume acheté) ;

2) le paiement au lead*, c'est-à-dire à l'inscription sur un formulaire (si un internaute s'inscrit pour un essai de voiture en étant passé par votre site, la marque automobile achète ce prospect quelques dizaines d'euros).

Le CPC (coût par clic)

L'objectif est d'augmenter qualitativement le trafic.

Définition : l'affilié touche un montant calculé selon le nombre de clics générés et qui transiteront de son site vers le site de l'annonceur.

Le CPCA (coût par clic d'arrivée)

L'objectif est d'augmenter qualitativement le trafic.

Définition : l'affilié touche un montant calculé selon le nombre de visites effectives (chargement complet de la page de destination) générés et qui transiteront de son site vers le site de l'annonceur. Ce dispositif est particulièrement adapté aux annonceurs souhaitant générer rapidement un trafic important sur leur site (page d'accueil, promo, produit…).

Dans le cas d'une rémunération au clic d'arrivée, le nombre de visites est mesuré *via* la pose d'un tag sur la landing page* du site de l'annonceur.

BON À SAVOIR

5,4 milliards de clics générés durant le 1er semestre 2011 *via* les plates-formes d'affiliation (*source* : CPA France).

Le CPA (coût par acte d'achat)

L'objectif est de booster significativement les ventes.

Définition : l'affilié est rémunéré à la performance sur la vente réalisée par l'annonceur grâce au trafic envoyé. En d'autres termes, l'annonceur fixe la rémunération qu'il souhaite reverser à chaque éditeur affilié sur les ventes qu'il lui aura généré.

Le CPA est le modèle plébiscité par les marchands.

> **BON À SAVOIR**
>
> 1,2 milliard d'euros de chiffre d'affaires a été généré par les plates-formes d'affiliation durant le 1er semestre 2011 (*source* : CPA France).

Le CPM (coup pour mille affichages)

L'objectif est d'augmenter la visibilité.

Définition : le CPM est la rémunération traditionnelle de la publicité sur Internet, la moins rémunératrice. Cette notion prend en compte, la plupart du temps, un coût pour l'affichage de 1 000 espaces publicitaires sur une page Web, que cet espace soit cliqué ou non par l'internaute. Un CPM de 5 euros par exemple signifie alors : « L'annonceur paye 5 euros chaque fois que sa publicité est affichée 1 000 fois sur une page Web. »

Le CPL (coût par lead)

L'objectif est de recruter des prospects qualifiés.

Définition : c'est un principe de rémunération non pas sur la vente mais sur le prospect qu'enregistre l'annonceur. Ce qu'achète surtout l'annonceur, c'est le lead*, ou prospect, avec tous les renseignements nécessaires pour le transformer plus tard en client. Que vous souhaitiez recruter des abonnés à votre newsletter, des membres pour votre communauté, des demandes de devis, des inscriptions à des jeux concours, des simulations de crédit ou encore des essais automobiles… Le CPL est le modèle le plus adapté.

> **BON À SAVOIR**
>
> 22,45 millions de leads générés durant le 1er semestre 2011 par les plates-formes d'affiliation (*source* : CPA France).

Ces modes de rémunérations sont très évolutifs. On est passé en quelques années d'une rémunération à l'audience (au CPM, au CPC) à une rémunération à la performance : à l'acte d'achat ou à l'inscription (CPA et CPL). Comme l'affiliation colle au marché, ces évolutions continueront. Dans les prochaines années, d'autres modes de rémunération apparaîtront et disparaîtront (comme le CPF coût par fan – Facebook).

Le paiement à la performance est le modèle qui s'impose.

En résumé
L'affiliation est un concentré de pragmatisme et de bons sens. Le contrat qui lie chaque participant est un contrat gagnant-gagnant. C'est le marketing direct à la performance.

6

Intégrer la publicité dans l'affiliation

Après avoir compris que le marketing était un mode de pensée plus qu'une technique compliquée, voici venu pour vous le moment de devenir un peu publicitaire.

Être publicitaire, c'est penser au produit que l'on veut vendre en se mettant à la place du consommateur, celui qui est derrière son écran, celui dont vous voulez attirer le regard. Il va falloir que vous trouviez les bons mots, le bon prix, les bonnes images pour accrocher son regard.

La publicité sert à se faire connaître, l'affiliation sert à vendre

À ce stade de l'ouvrage, on peut légitimement se poser la question suivante : l'affiliation va-t-elle tuer la publicité traditionnelle ? La réponse est non. Mais à la question « la publicité est-elle toujours indispensable ? », la réponse est non aussi.

La publicité n'est plus indispensable pour se faire connaître de sa cible et de clients futurs. L'affiliation et sa palette d'outils peuvent largement suffire dans de nombreux cas. Dorénavant, c'est votre offre commerciale (le produit ou le service que vous mettez en vente, votre catalogue, les tarifs) qui communique pour vous.

Le schéma selon lequel la publicité est destinée à faire connaître une marque ou un produit tandis que l'affiliation est là pour contribuer marginalement à sa vente est lui-même caduc, sauf pour les grandes marques qui disposent de moyens immenses. Et encore… c'est considérer que la loi de l'offre et de la demande n'a pas changé. Or aujourd'hui la demande a la main et l'offre doit s'adapter.

Évidemment, les grandes marques ont ajouté la publicité sur Internet à la palette de leur communication classique mais sur le Web, tous les marchands sont égaux, seul l'attrait technique et tarifaire de leur offre fera la différence devant le public connecté. Encore faudra-t-il être visible sur Internet, c'est-à-dire sur la page que le consommateur affiche dans sa recherche.

Bienvenue dans le monde du ROI

L'affiliation, c'est la maîtrise permanente du ROI. Le ROI c'est le *Return On Investment* (retour sur investissement). Il mesure l'efficacité d'un investissement en termes de rentabilité. C'est le ratio comparant la valeur du coût de l'investissement avec sa rentabilité. Pour être qualifié de rentable, un investissement doit nécessairement se transformer en source de recettes à plus ou moins brève échéance.

Le ROI permet donc d'évaluer la performance de l'investissement. Bien entendu, les investisseurs sont intéressés par des plus-values conséquentes et à court terme. Avec l'obsession du retour sur investissement, la publicité est perdante. Mais pas seulement la publicité classique. La promotion des ventes, qui est un peu la pointe de la flèche de l'annonceur lorsqu'il vise une cible commerciale, est aussi remise en question. La promotion des ventes, le marketing direct, la publicité sur le lieu de vente (PLV), le merchandising* tels qu'ils se pratiquaient depuis un demi-siècle, sont également en pleine mutation.

Avant, la promotion des ventes, c'était acheter des fichiers, lancer des campagnes de marketing direct sur ses adresses et espérer que le taux de remontée et de transformation* soit supérieur à 1 pour mille. Il fallait également disposer de call-center* (ou embaucher quelqu'un dans le cas des PME) pour transformer les prospects en clients et traiter les commandes. Il fallait également dépenser pour animer les rayons des boutiques et des grandes surfaces, embaucher des animateurs de réseaux, bref, même la promotion des ventes, pourtant plus opérationnelle que la publicité, était également un puits sans fond et sans garantie de ROI pour l'annonceur.

Désormais, grâce à une bonne campagne d'affiliation, le prospect qui arrive jusqu'au site de l'annonceur est un prospect « chaud » et qualifié*, un quasi-client qui a déjà validé un devis en ligne. Le travail des call-center ne consiste plus alors à aller à la pêche au prospect mais à traiter des commandes de futurs clients. D'ailleurs, les call-centers voient lentement leur nature se modifier. Leur activité passe du quantitatif au qualitatif, leurs coûts baissent, leur efficacité augmente, ils deviennent des services de gestion commerciale autant que de prospection.

Même pour des annonceurs surpuissants comme les constructeurs automobiles, la donne a changé. Avant, ils communiquaient sur l'image séduisante de leurs modèles, puis sur les offres de remise. Ils achetaient des pages de pub, des spots de pub et attendaient le client. Maintenant, c'est le client qui vient à eux et dispose, après quelques clics simples sur Internet, de plus d'informations que le concessionnaire. Il a vu des vidéos des voitures, téléchargé leurs plaquettes, fait des essais de couleur virtuelle sur la carrosserie, et comparé les meilleures offres de prix et éventuellement d'assurance et de crédit.

Le consommateur a repris la main et les constructeurs (à l'exception des marques haut de gamme) sont tributaires non plus d'une image publicitaire, mais de leur offre *stricto sensu*. Avant, le

marché était un marché fermé, le client arrivait chez un concessionnaire auto comme un mouton qui se jette dans la gueule du
loup. Maintenant, le client arrive avec des armes en main et le
vendeur devra ajuster son offre en conséquence, sinon il perdra
son client qui ira chez la marque concurrente ou chez un autre
concessionnaire de la même marque ou encore chez un manda-
taire français ou étranger déniché sur Internet.

Les meilleurs vendeurs de demain

Hier, les meilleurs vendeurs de voitures devaient avoir du
bagout, ils étaient des « arracheurs » de ventes. Demain, les
meilleurs vendeurs de voitures seront des geeks* qui surferont
toute la journée sur le Net pour pister les consommateurs qui
sont en train de se renseigner sur tel ou tel produit qu'ils veulent
acheter. Ces prospects du Net, cette cible dont sont si friands les
commerçants, il suffit de savoir où la chercher pour la trouver.

SITE CHOISIRSAVOITURE.COM

Site comparateur de prix – agissant presque comme un intermédiaire – qui permet, de chez soi, de chercher, de comparer différents modèles et de trouver une voiture neuve au meilleur prix.

Sans publicité, des milliers de sites marchands ont révolutionné le commerce et ont défié les leaders, les anciens, contraints à s'adapter, mais souvent trop tard. Amazon est devenu un hyper-marché mondial avec 20 millions de clients par mois, des clients qui ne font pas la queue, qui reviennent, qui ont un compte, un panier moyen* en augmentation, etc. On assiste au triomphe de l'affiliation et à sa démocratisation.

BILAN PREMIER SEMESTRE 2011 SUR LES PRINCIPAUX SEGMENTS INVESTIS PAR LES ANNONCEURS

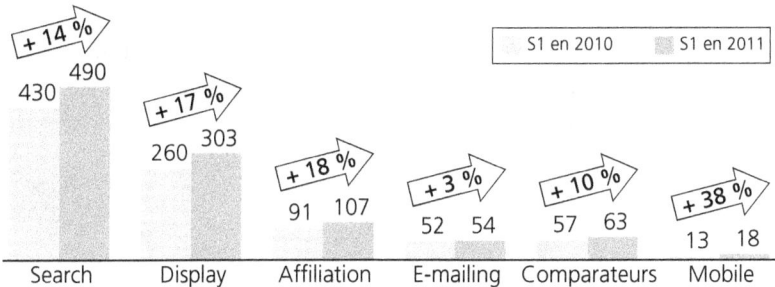

Évolution du marché sur les principaux canaux de la communication online (en M€).
Observatoire de l'e-pub 6ᵉ édition, 1ᵉʳ semestre 2011.

Source : Cap Gemini Consulting/UDECAM/SRI.

Que dit l'étude de Cap Gemini pour le 1ᵉʳ semestre 2011 ?

• forte croissance du search* tirée par une double dynamique volume (nombre de campagnes) et valeur (croissance des CPC) ;

• forte dynamique du marché display (annonces publicitaires) liée en particulier à la confirmation d'une croissance soutenue sur la vidéo et des investissements confirmés sur les réseaux sociaux. Et aussi progression continue des modèles à la performance qui représentent 27 % du marché display ;

• l'affiliation, deuxième plus forte croissance des premiers six mois de 2011. Forte croissance de l'affiliation tirée par le développement de l'e-commerce (+ 20 % sur le premier trimestre 2011[1]) et le dynamisme de certains secteurs (retour marqué de la finance et forts investissements de secteurs comme le *casual gaming* ou la mode). Les campagnes internationales sont un relais de croissance important pour les acteurs en France ;

- le e-mailing progresse. Le travail des acteurs du marché pour développer la qualité des bases (datamining, déduplication, scoring, profiling…) a favorisé un retour de la confiance des annonceurs ;

- les comparateurs progressent. Le marché croît et est tiré par le dynamisme de l'e-commerce et une hausse des CPC ;

- le mobile, marché le plus dynamique, est tiré par la promotion des applications (éditeurs mobiles et annonceurs traditionnels). Le panier moyen est en hausse. Plusieurs annonceurs commencent à utiliser ce canal de manière récurrente en branding.

Investissez et investissez-vous dans votre « création »

Mais attention, si ce chapitre vous ôte une épine du pied, il vous oblige, en tant qu'annonceur, à penser vous-même votre message publicitaire et votre communication auprès des internautes que vous voulez transformer en client. Autrement dit, vous avez été imaginatif et entreprenant en inventant un site, un blog, en ouvrant une e-boutique ou encore un comparateur de prix. Maintenant, il va vous falloir être aussi créatif pour inventer votre message.

Vous l'avez compris, la création graphique de vos bannières et e-mailing est essentielle. De la même manière, le design et l'ergonomie de votre site ne doivent pas être pris à la légère. Une bonne ergonomie permettra d'optimiser le taux de transforma-

---

1. Source : FEVAD.

tion sur votre site et donc de satisfaire vos affiliés (mais surtout de vous satisfaire vous-même). Nous ne rentrerons pas dans le détail de cette partie mais vous pouvez consulter des ouvrages comme *Ergonomie Web*, d'Amélie Boucher aux éditions Eyrolles.

BON À SAVOIR

En affiliation, l'annonceur est choisi 2 fois :
– la première fois, par l'affilié qui décide d'afficher son programme sur son site ;
– la seconde fois, par le client, qui décide de cliquer ou non.

Ces deux clics sont les deux clics qui vous séparent du succès.

Vous comprenez qu'ils vous demandent d'être créatifs. Mais créatif ne signifie pas seulement que vous devez inventer un slogan. Vous devez le faire rentrer dans un cadre précis.

PENSEZ À VOTRE CLIENT FINAL

Pour lui, soyez pragmatique. Partez de l'idée qu'il ne vous connaît pas, qu'il n'a pas besoin de votre produit mais que vous devez absolument le convaincre. Une seule solution : vous devez mettre en avant votre offre, son prix et le bénéfice client.

Soignez vos e-mails et vos newsletters

Les kits e-mailing

Votre message doit être clair avec un minimum de mots. Il doit donner envie à l'internaute de cliquer dessus parce qu'il l'aura compris rapidement. Sachez qu'en moyenne un internaute regarde un e-mail en moins de 5 secondes, c'est le temps qu'il faut pour l'accrocher. Aujourd'hui, avec les politiques anti-SPAM des FAI, il faut faire attention à d'autres éléments :

* privilégiez un découpage en plusieurs images de votre kit e-mailing et pensez même à y insérer du texte à la place de certaines images ;

- ne mettez pas d'image en fond (background), de feuille de style (CSS), de javascript, flash, gif animés ou autres fantaisies ;
- il faut aussi détailler le contenu de votre image dans votre balise ALT, ce qui permettra à l'internaute de voir le texte lorsque son FAI bloque l'affichage des images.

Une fois votre kit e-mailing prêt, pensez à le tester sur différents Webmails et sur des clients e-mail comme Outlook, Mail (Mac). Il existe des sociétés (Litmus.com par exemple) qui affichent directement le rendu de votre kit sur différents Webmail/client e-mail.

Un kit e-mailing est généralement dans un format de 500 × 500 pixels (vous pouvez modifier la hauteur sans en abuser, mais nous vous conseillons de garder une largeur de 600 pixels maximum).

EXEMPLE DE KIT E-MAILING

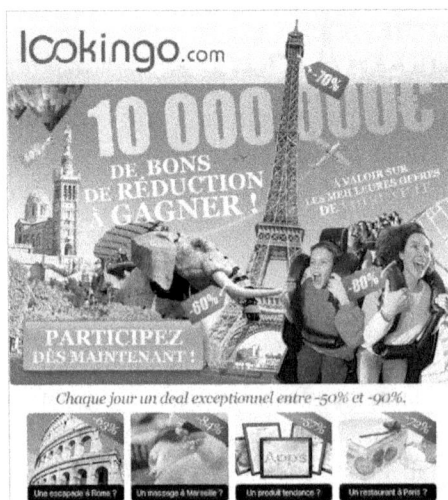

Les kits média

Les différents formats de bannières ou kits média doivent être proposés à vos affiliés si vous souhaitez leur permettre de les afficher sur leurs sites. Il s'agit généralement d'un jeu de bannières « standard » (468 × 60, 728 × 90, 120 × 600, 160 × 600 et 300 × 250 – chiffres exprimés en pixels). Ils peuvent être en flash, html, jpeg ou gif animés. Ils doivent aussi refléter votre marque/produit. Faites en sorte de paraître professionnel.

EXEMPLES DE BANNIÈRES POUR LES VVF VILLAGES MIS À LA DISPOSITION DES AFFILIÉS

FAITES VIVRE VOTRE RÉSEAU D'AFFILIÉS

Comme pour vos clients, vos apporteurs d'affaires (vos affiliés) doivent être bien traités. Vous devez récompenser les bons affiliés par des primes ou des rémunérations premium (au-dessus de votre rémunération standard).

Et les autres ? Il faut les motiver à vous relayer plus. Pour cela, vous pouvez mettre en place un « challenge affiliés » du type : sur un objectif d'un mois, le meilleur affilié remportera 100 euros, le deuxième 80 euros, le suivant 50 euros, etc.

Vous pouvez aussi mettre en place des paliers de rémunération qui permettront de booster leurs reversements : sur un objectif d'un mois, au-dessus de 10 ventes la rémunération passe par exemple à 3 euros au lieu de 2 euros puis au-dessus de 50 ventes la rémunération passe à 5 euros, etc. Vous pouvez également faire des cadeaux à vos meilleurs apporteurs d'affaires.

Communiquez régulièrement (*via* une newsletter) avec vos affiliés sur vos tops produits, vos nouveautés, vos avantages concurrentiels, etc. La fréquence idéale de communication est de 2 fois par mois et principalement dans les périodes de fortes ventes (par exemple : à Noël et au moment des soldes pour un site marchand).

Enfin, ne prenez pas à la légère les demandes de vos affiliés et des account manager* responsables du suivi de votre programme (optimisation de vos flux, de vos créations, page produit…). En effet, ils savent ce qui fonctionne bien et ce qui ne marche pas.

Si votre site tombe en panne pendant un certain temps, n'hésitez pas à dédommager vos affiliés par une petite prime de compensation (cela vous évitera une mauvaise publicité et surtout la perte d'affiliés). Pour connaître ce montant, le plus simple est d'utiliser le CPC (coût par clic) moyen d'un affilié sur votre programme, de considérer le nombre de clics pendant la période où votre site n'était pas accessible et d'appliquer ce montant en prime.

N'OUBLIEZ PAS LE TRACKING*

Créer un programme d'affiliation ne demande pas de contraintes particulières, vous devez (ou votre développeur) savoir placer un tag de tracking (code souvent en javascript*) sur la page de conversion* (après la page paiement par exemple) et compléter des données comme l'ID de la commande et le montant du panier dans ce tag. Des documentations sont disponibles et le support technique de votre plate-forme peut souvent vous guider dans ce processus.

Attention !

Pensez toujours que ces tags doivent rester sur vos pages pendant la durée de vie de votre programme, vous ne devez en aucun cas retirer le tag suite à une mise à jour des pages, cela pourrait mettre en péril tout le travail avec vos affiliés.

PARLEZ AUX AFFILIÉS

En direction des affiliés, vous devez mettre en avant vos atouts dans l'ordre suivant :

- la rémunération que vous proposez ;
- le produit que vous vendez ;
- le catalogue produits que vous fournissez ;
- les créations publicitaires que vous mettez à disposition des affiliés.

Si l'offre commerciale aux affiliés est trop faible, si votre bannière publicitaire est nulle, votre catalogue incomplet, vous avez toutes les chances de rester sur le bord de la route, et cela même si votre produit est génial et pas cher. C'est simplement que vous n'aurez pas su le dire. La solution pour vous rassurer : n'hésitez pas à utiliser les services de professionnels. Votre plate-forme d'affiliation sera de bon conseil.

En résumé

Une bonne création et une faible audience valent mieux qu'une mauvaise création sur une grosse audience.

La performance n'a pas tué la publicité. Elle a encore besoin de ses créatifs pour communiquer.

7

Définir sa cible
pour réussir son affiliation

Avant de vous lancer dans l'affiliation, et plus largement dans l'e-commerce ou d'ouvrir un site ou un blog, vous devez prendre un moment et vous pencher sur une question : qui ciblez-vous ? Autrement dit : qui voulez-vous atteindre ? quel type d'internautes ? quel type de consommateurs ? Plus vous saurez qui vous voulez toucher, plus simple et plus évidente viendra la réponse à la question suivante : comment toucher votre cible ?

Si vous sautez ce chapitre, il y a de fortes chances que vous passiez à côté de l'affiliation. Cibler, c'est viser, tirer, toucher donc faire mouche ! Aucune bataille, aucune offensive ne peut être victorieuse si la cible que l'on vise n'est pas connue, si elle n'a pas été étudiée, quantifiée, mesurée.

Il en est du marketing et du commerce comme de la guerre : le succès réside dans la connaissance de la cible, le moyen de l'atteindre et de la vaincre et de lui faire signer un acte de reddition en bonne et due forme, c'est-à-dire pour ce qui nous intéresse provoquer un acte d'achat, une commande, le remplissage d'un formulaire, etc.

> « La règle, c'est que le général qui triomphe est celui qui est le mieux informé » (Sun Tzu, *L'Art de la guerre*).

La problématique de la cible est vitale. Si vous ne connaissez pas votre cible ou si vous n'avez aucun moyen de l'atteindre, aucun fichier, aucune base d'adresses, aucune connaissance de ses habitudes, votre offensive commerciale sera vaine.

Avant, pour toucher une cible, il fallait déployer des moyens coûteux :

- *lancer des campagnes publicitaires* dans les médias de masse pour faire connaître le produit, avec un taux de déperdition d'autant plus lourd que les tarifs de ces médias peuvent être jusqu'à 1 000 fois plus élevés au contact que ceux du Net ;
- *acheter des fichiers et lancer des campagnes de marketing direct* dont les remontées chaque année sont de plus en plus faibles et les coûts de recrutement de plus en plus élevés ;
- *faire de la promotion des ventes sur le terrain*, là où se trouvaient les acheteurs potentiels.

Bref, il fallait « communiquer » dans les magasins, dans les rues, dans le métro, dans les gares et les aéroports, dans les supermarchés, à la télévision, à la radio, dans la presse : on saupoudrait, pas vraiment à l'aveuglette, mais avec une déperdition financière énorme.

Maintenant, connaître et toucher une cible est devenu un jeu d'enfant, ou presque. Le public peut être touché avec certitude où qu'il soit puisque le seul lieu que partagent désormais tous les consommateurs du monde entier, c'est Internet. Le géomarketing, le ciblage comportemental, les réseaux sociaux sont autant de moyens de définir sa cible, de la connaître et de l'atteindre. Chaque jour, 40 millions de Français font le même geste anodin d'allumer leur ordinateur et de relever les e-mails et ensuite, ils s'égaillent sur le Net.

Il y a ceux qui vont sur les réseaux sociaux, qui sont membres de Facebook (en septembre 2011 Facebook en France comptait plus de 23 millions de membres soit presque un tiers de la population), qui vont surfer pour s'informer, pour réserver un voyage, consulter la météo ou leur compte en banque, regarder des vidéos ou des films en streaming, télécharger de la musique, et, ils ne se rendent pas compte que, sur les pages qu'ils ouvrent, ils sont pistés, étudiés, comptés, classés en catégories selon les pages et les mots sur lesquels ils cliquent.

Ces clics sont le sésame, la clé pour entrer chez eux, anticiper leurs désirs parce que leurs goûts, leur lieu de résidence, leur âge, leurs revenus, leur niveau d'étude, et bien souvent leur e-mail vous sont maintenant connus. En effet, ces données, Google, Facebook, et les autres grands sites, ne sont pas les seuls à les connaître et à les utiliser à des fins commerciales. En effet, tous les sites, tous les blogs enregistrent automatiquement tout ce qu'ils savent sur leurs visiteurs :

• *tout d'abord leur adresse IP** qui détermine la localisation géographique des internautes ;

• *ensuite l'historique de leurs visites*, quelles pages et quels produits ont suscité un clic, et accessoirement quand, c'est-à-dire s'ils sont réguliers, s'ils sont du soir ou du matin ;

• *enfin, leur adresse e-mail*. S'ils s'enregistrent pour recevoir une newsletter, ouvrir un compte ou accéder à un site, ils vous donnent accès, selon le niveau de précision des questionnaires d'inscription, à leur adresse e-mail, à leur sexe, à leur âge, à leur adresse physique ou à leur ville, à leur niveau d'études, à leur profession et à leur tranche de revenus.

Chacun a répondu des dizaines de fois à ces questions ces dernières années en tant qu'internautes mais sans jamais imaginer à quel point ces données étaient traitées, triées, exploitées et réexploitées, louées, vendues et revendues.

Les internautes se plaignent chaque jour des spams* qui encombrent leur boîte e-mail. Ils ont compris que leur adresse électronique avait dû être commercialisée maintes fois auprès d'entreprises qui essaient de leur vendre des choses aussi diverses que des assurances à prix cassé, du rachat de crédit, etc.

Posséder ou utiliser le bon fichier

Le meilleur fichier, c'est d'abord le vôtre. Que vous soyez un entrepreneur en chambre ou une grande entreprise connue, vous disposez d'un noyau dur d'adresses mais celui-ci est souvent insuffisant pour vous développer.

LOUER UN FICHIER

Les fichiers d'adresses électroniques sont un marché en soi. Les vendeurs ou les loueurs de fichiers se multiplient et les tarifs fluctuent en fonction de deux critères principaux :

- la fraîcheur du fichier (les fichiers perdent en qualité lorsqu'ils ont été trop ou pas assez utilisés) ;
- la précision des données liées à l'adresse e-mail.

LES MEILLEURS FICHIERS NE SONT PAS LES PLUS GROS

Ce sont les adresses renseignées* qui valent évidemment le plus cher et parfois même très cher.

Attention aux offres trop alléchantes. Fuyez les fichiers fourre-tout de 1 million d'adresses que l'on vous loue pour quelques centaines d'euros. Souvent les entrepreneurs individuels ou les PME un peu novices achètent ce genre de fichiers en se disant que sur 1 million de gens, il y en aura bien quelques centaines ou quelques milliers qui cliqueront. C'est une erreur qui peut être fatale.

Non seulement les e-mails atterriront automatiquement dans la boîte des spams mais l'émetteur, c'est-à-dire vous, sera enregistré comme spammeur* et mis en liste noire par les FAI* et/ou les hébergeurs*, ce qui entachera durablement l'image de marque de votre entreprise. Pour éviter cela, étudiez la loi en matière d'e-mailing et demandez conseil à votre plate-forme d'affiliation.

Déterminez les critères qui vous intéressent avant de vous jeter sur les fichiers des autres.

LE MEILLEUR FICHIER RESTE CELUI
QUE VOUS CONSTITUEREZ VOUS-MÊME

Les grands opérateurs privés du transport, du commerce, de la rencontre, etc., commercialisent tous leurs fichiers mais jamais en masse.

Ils vendent ce qu'on leur demande : des familles nombreuses, des hommes seuls à haut revenus, des jeunes, des seniors, des ménagères monoparentales, à quoi s'ajoutent une localisation géographique et éventuellement d'autres paramètres selon ce que l'on veut leur vendre.

Selon vos moyens, vous interrogerez donc les loueurs de fichiers en mettant en avant un certain nombre de critères en fonction de votre activité et de la cible que vous visez. Ainsi, le niveau d'études sera plus cohérent que le niveau de revenus pour des produits culturels, le statut du foyer pour de la rencontre, la localisation pour du commerce de proximité, etc.

Les outils de ciblage

Il y a trois principaux outils de ciblage : le géomarketing, le comportemental et les réseaux sociaux.

UNE SEULE ADRESSE :
VOTRE ADRESSE IP

Chaque ordinateur connecté à Internet est repérable grâce à l'adresse IP de l'abonné Internet. Tous les administrateurs de sites ont accès à ces données qui ne disent rien sur l'internaute mais tout sur son lieu de connexion qui correspond le plus souvent à son adresse. Elle s'écrit généralement avec quatre nombres compris entre 0 et 255, séparés par des points, ce qui donne par exemple : 212.85.150.134.

LE MOYEN LE PLUS RÉPANDU : POSER DES COOKIES

Un cookie, sur Internet, ce n'est pas un biscuit, ce serait plutôt la cerise sur le gâteau. En effet, dès qu'un internaute vient sur un site, le site en question peut automatiquement poser un bout de code informatique dans le navigateur utilisé par l'internaute (Firefox, Internet Explorer, Chrome, Safari, etc.) pour surfer. Ce cookie joue un rôle très précis : c'est un informateur qui permet d'affiner la connaissance des clients et de leur proposer une offre qui tend au sur-mesure.

Voici, sur la base d'une adresse IP et des cookies posés dans un ordinateur, les outils marketing qui ont changé la façon de toucher le public, et également de le comprendre.

LE GÉOMARKETING

Le géomarketing est une révolution pour le commerce de proximité mais la prise de conscience et les opportunités insondables qu'il recèle n'ont pas encore été bien mesurées par tous.

C'est l'adresse IP de l'internaute (l'adresse du point de connexion de son ordinateur) qui permet aux annonceurs de cibler leur publicité et de proposer sans le demander des publicités locales. On n'essaie plus seulement de lui vendre une voiture, une rencontre, des vêtements en solde. On essaie de lui vendre tout cela dans sa propre ville. En effet, le taux de clics s'envole lorsqu'on lui propose quelque chose non plus dans l'absolu mais en bas de chez lui.

LE CIBLAGE COMPORTEMENTAL ET LE RETARGETING*

Mais l'internaute n'est plus simplement localisé ; il est aussi profilé. Le ciblage comportemental est l'une des armes les plus tranchantes du marketing, et *a fortiori* du marketing sur Internet.

Le *behaviour targeting* (appelé aussi tout simplement BT) est une invention américaine, qui a pris son envol il y a une dizaine d'années. Au début des années 2000 sont apparues les « publicités contextuelles* » qui permettaient d'afficher des annonces liées aux pages que vous consultiez. D'abord sur Google et les autres moteurs de recherche, puis sur Facebook.

CONTEXTUALISATION DE LA PUBLICITÉ AVEC L'ACTUALITÉ

Source : Techcrunch.

Techniquement, rien n'est plus simple que de pister un internaute. On a vu plus haut qu'un simple bout de code permettait de suivre le consommateur devant son écran. Chaque clic est recensé et le profil de chaque individu se précise, clic après clic, comme un dessin dont on relierait les pointillés.

C'est ainsi que les grands distributeurs, très friands de ciblage comportemental, savent tout de lui, quels journaux il lit, quelles rubriques, quels articles, le temps qu'il y passe, mais aussi, quelles recherches il fait sur Google, quels voyages il commande, quel est son panier moyen, etc. Évidemment, s'il surfe sur des sites interdits par la loi ou la morale, l'ordinateur le sait et Google aussi.

Mais le ciblage comportemental a deux limites : la première c'est qu'il mord sur la ligne blanche de la vie privée (une loi est prévue pour en limiter les intrusions en 2012) et qu'accéder à des données très qualifiées reste excessivement coûteux.

Chaque clic permet d'enregistrer la navigation d'un internaute et de la revendre. Enregistrée par qui ? Par Google et Facebook et par des milliers de gros sites marchands ou par des sociétés d'études spécialisées comme Criteo, le leader mondial créé par des Français dans la Silicon Valley. Ces données, enrichies et croisées, seront revendues à d'autres clients selon un principe simple : si tel internaute, avec ce que je sais de lui a acheté tel produit et fréquenté tel site, il est cœur de cible pour tel autre produit : c'est le retargeting.

EXEMPLE DE RETARGETING POUR LES 3 SUISSES

Le ciblage comportemental a permis de faire de grands progrès dans la connaissance des consommateurs. On sait par exemple avec précision comment se constitue un panier d'achat, comment le client le remplit et quel pourcentage de son panier se traduira par une commande.

Évidemment, le retargeting a un effet pervers : il produit une augmentation du CPC*, au fur et à mesure que le profil du cliqueur s'affine. Pourtant, il est indéniable que le ciblage comportemental, s'il coûte cher, génère plus de ventes que le simple ciblage primaire par géolocalisation.

Les réseaux sociaux

Les réseaux sociaux sont constitués de tous ces sites à l'intérieur desquels le public s'interconnecte, communique en fonction d'affinités. Comme nous l'avons vu, le plus connu est Facebook et presque la moitié des internautes du monde sont membres de l'un ou plusieurs d'entre eux.

Les réseaux sociaux sont évidemment très convoités par les annonceurs et les publicitaires mais il convient de ne pas les surestimer.

IL Y A DEUX TYPES DE RÉSEAUX SOCIAUX : FACEBOOK...

La voie a été ouverte par MySpace mais c'est Facebook qui a emporté la mise. Facebook, avec 800 millions de membres dans le monde et 23 millions en France, est un véritable Internet dans Internet, mais les opérations commerciales ne connaissent pas encore de pics d'efficacité. On est sur Facebook pour se divertir (dialoguer, jouer, draguer, montrer des images ou en commenter, etc.), mais pas encore pour acheter. Néanmoins Facebook tend à reprendre la main sur les opérations commerciales initiées en son sein, il a créé sa monnaie virtuelle (les *facebook credits*) et verrouillé l'accès commercial à ses membres pour en profiter seul. Par exemple, si Facebook n'a pas eu l'idée de commercialiser les fichiers de « fans de », il l'a récupéré et en a interdit l'extraction à des tiers. Autrement dit, en 2011, Facebook n'était pas encore un centre commercial mais avec bientôt un milliard de membres, comment résister à l'idée de devenir la première galerie marchande de la planète ?

BON À SAVOIR

Du strict point de vue de l'affiliation, disons simplement que vous devez être présents sur les réseaux sociaux, y créer des pages fans, les faire connaître. Surtout si vous êtes un annonceur, vous devez en permanence y communiquer.

Facebook est, à ce jour, une vitrine indispensable pour se faire connaître et mettre en avant ses produits et communiquer avec votre cible. Les annonceurs peuvent, empiriquement, atteindre les gens selon leurs lieux d'adresse ou d'études ou *via* leurs « amis ».

Quelques données tirées d'une étude Nielsen de septembre 2011
• 4 internautes actifs sur 5 fréquentent les réseaux sociaux et blogs.
• 70 % des visiteurs actifs de réseaux sociaux font des achats online (12 % de plus que la moyenne des internautes).
• 12 % des internautes français déclarent fréquenter les réseaux sociaux pour bénéficier de promotions, 10 % pour rechercher des conseils avant d'acheter et 7 % pour faire des recommandations sur un produit ou une marque.
• 53 % des membres de réseaux sociaux suivent ou aiment une marque contre 32 % qui suivent ou aiment une célébrité. Leur motivation principale (33 %) est d'être informés tôt des promotions.

Si vous êtes un site de e-commerce ou que votre site commence à prendre de l'importance, vous devez avoir un compte Facebook pour y diffuser votre information et y créer votre page fan. Plus vous aurez de fans, plus vous en attirerez !

PAGE DES PUBLICITÉS FACEBOOK

Source : Facebook.

Chiffres Facebook (septembre 2011)

- La barre des 800 millions d'inscrits a été dépassée en septembre 2011.
- Plus de 50 % des utilisateurs actifs se connectent tous les jours.
- Le nombre moyen d'amis est de 130 par membre.
- Il existe plus de 900 millions de pages, groupes, événements…
- L'utilisateur moyen est connecté à 80 pages communautaires, groupes ou événements.
- Plus de 2 milliards de « like » (j'aime) et commentaires sont postés chaque jour.
- 250 millions de photos sont uploadées chaque jour en moyenne.
- Le site est accessible en plus de 70 langues.
- 75 % des utilisateurs sont en dehors des États-Unis.
- 20 millions d'applications sont installées chaque jour.
- 500 millions d'utilisateurs utilisent une application chaque mois.
- 7 millions de sites ont intégré Facebook.
- 350 millions d'utilisateurs utilisent Facebook depuis leur mobile.
- 475 opérateurs mobiles ont intégré Facebook à leur service.

Par son succès, Facebook est un « Internet dans l'Internet ». Son audience est telle qu'il devient la market place du Web. Les chiffres présentés prouvent sa puissance.

... ET LES AUTRES

Les autres réseaux sociaux sont représentés surtout par Twitter, et, loin derrière, les réseaux professionnels comme LinkedIn ou Viadeo, très utiles en B to B uniquement.

Twitter est à la mode et devient (presque) aussi incontournable que Facebook, mais sur une cible de leaders d'opinion. C'est néanmoins devenu (pour combien de temps ?) le réseau numéro 1 pour s'informer et faire l'opinion :

- les journalistes et les entreprises y diffusent leur information en 140 signes ;
- le noyau dur des internautes, ceux qui font le buzz y est inscrit ;
- les messages Twitter sont très bien référencés sur Google.

LE FIL TWITTER D'AMAZON

Twitter était au début une plate-forme de microblogging entre des personnes, c'est en train de devenir la plus efficace plate-forme d'information. Il y a deux types d'information : l'information journalistique et l'information commerciale. Les médias se sont installés sur Twitter comme sur Facebook et ils ont été suivis de près par les marques.

À RETENIR   Que vous soyez un site ou un blog ou une entreprise désireuse de faire du e-commerce :

- exploitez les cookies de vos visiteurs pour mieux les connaître, les comprendre et découvrir ce qu'ils recherchent ;
- exploitez aussi les cookies pour améliorer votre site, votre e-boutique ou votre blog en étudiant leurs clics, leur durée, là où ils vous quittent, par où ils arrivent. Un visiteur arrive souvent par erreur et repart souvent par incompréhension de ce qu'il a sous les yeux (la vigilance s'impose !) ;
- soyez présent sur les réseaux sociaux pour vous rapprocher encore plus des gens et vous y faire des fans et des amis qui feront circuler entre eux vos articles ou vos offres commerciales.

8

Comprendre les plates-formes et les modalités de l'affiliation

Qu'est-ce qu'une plate-forme d'affiliation?

C'est l'interface entre l'affilié et l'annonceur, le pont qui relie les deux rives du marché.

L'annonceur qui veut trouver des affiliés qui lui amèneront audience et clients, va choisir une plate-forme d'affiliation. Selon sa taille et ses moyens, il se dirigera vers l'une ou l'autre mais il peut être refusé si son offre n'est pas attractive, si ses produits sont mauvais, si son site est mal conçu, ou encore si son offre commerciale destinée aux affiliés est trop faible pour les attirer.

L'annonceur, moyennant quelques dizaines ou quelques centaines d'euros mensuels selon la plate-forme, va pouvoir proposer son programme et les affiliés feront leur marché. Ils choisiront ou non ses créations et en quelques clics, l'affilié et l'annonceur seront reliés.

FONCTIONNEMENT D'UNE PLATE-FORME D'AFFILIATION

Une fois inscrit sur une plate-forme d'affiliation, vous pouvez consulter et vous inscrire à un ou à plusieurs programmes d'affiliation proposés par les annonceurs et les e-commerçants. Après acceptation, vous pourrez télécharger les annonces et les annonces publicitaires et les mettre sur votre site ou votre blog.

Si un certain nombre de vos visiteurs cliquent sur ces liens publicitaires, vous serez rémunérés au clic (CPC) ou à l'acte (CPL ou CPA).

L'annonceur dispose des outils de trackings pour identifier d'où
viennent ces nouveaux clients.

FONCTIONNEMENT D'UNE PLATE-FORME D'AFFILIATION

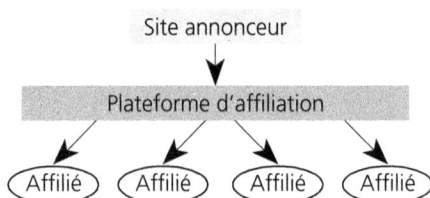

Site annonceur

Plateforme d'affiliation

Affilié   Affilié   Affilié   Affilié

BON À SAVOIR

Ce n'est pas l'annonceur qui vous paiera directement, c'est la plate-forme à
laquelle vous êtes inscrit qui touche dans un premier temps la rémunération des affiliés payée par les annonceurs pour ensuite vous la reverser. La
plate-forme agit en tant que tiers de confiance.

LES PORTEFEUILLES D'AFFILIÉS

Les grosses plates-formes ont entre 10 000 et 35 000 sites affiliés
(en France), avec un taux de duplication de 60 % à 90 %. Elles
traquent en permanence les bons affiliés, les affiliés prometteurs
et font la chasse aux mauvais et aux fraudeurs (voir chapitre 11).

Ce portefeuille est l'audience de l'affiliation. Additionnés, les affiliés
représentent plusieurs millions de visiteurs uniques par mois parmi
lesquels plusieurs dizaines de milliers d'acheteurs potentiels d'un
produit ou d'un service proposé par les annonceurs de la plate-forme.

Chaque mois, la plate-forme rémunérera l'affilié en fonction du
chiffre d'affaires qu'il aura généré. Quel que soit le modèle de
rémunération choisi et selon son audience, il touchera entre
quelques dizaines et quelques milliers d'euros.

Les modalités de l'affiliation

L'affiliation, on l'a vu, ce sont des partenaires qui contractent entre eux. Les rapports ne sont pas des rapports de clients à fournisseurs, mais bien d'associés en affaires. À chaque fois qu'un affilié choisit un annonceur sur une plate-forme d'affiliation, il contracte avec lui. Évidemment, si vous avez 500 affiliés vous ne signerez pas 500 contrats, l'affilié et l'annonceur signent avec la plate-forme, qui servira d'intermédiaire.

Les contrats sont simples et standard. Les affiliés sont généralement rémunérés 1 fois par mois sur la base des données de l'annonceur et de la plate-forme d'affiliation. Les clics et les ventes sont comptabilisés et enregistrés et d'ailleurs, un affilié ou un annonceur peuvent suivre en temps réel leurs performances commerciales.

Le back-office de la plate-forme d'affiliation

Une plate-forme d'affiliation est composée de deux choses : un portefeuille d'affiliés et un back-office. Ce back-office, selon la plate-forme, sera simple ou plus compliqué à utiliser. C'est comme sur un blog : l'affilié et l'annonceur y ont accès tous les deux, les premiers y téléchargent (download) les créations pub posées (upload) par les seconds. C'est également leur tableau de bord économique. Leurs performances et leurs rentrées financières y sont tenues en temps réel.

Ce qu'une bonne plate-forme doit proposer

Voici à titre d'exemple ce que la plate-forme d'affiliation affility propose à ses clients :

* un accès unique pour la totalité des programmes ;
* une messagerie interne pour recevoir les notifications concernant les programmes ;
* une fonction de recherche avancée (programmes, affiliés, créations etc.) ;
* un programme multirémunération possible (CPC + CPA ou CPM + CPA, etc.) ;
* une rémunération réalisable par paliers rétroactifs ou cumulatifs ;
* la validation des affiliés de manière automatique (tous les sites), semi-automatique (uniquement d'une certaine thématique), manuelle (validation par vos soins) ;
* le versement de primes : selon un objectif à atteindre ou manuellement par affilié ;
* le choix des catégories de partenaires diffusant vos programmes ;
* la gestion automatisée de vos flux catalogue ;
* l'ajout de codes promotionnels sur une période définie ;
* validation et annulation de vos leads, ventes, etc. ;
* la gestion de la diffusion de vos créations par affilié (1 création pour 1 affilié sélectionné) ;
* des rapports avancés exportables en CSV, XML ou PDF ;
* validation de vos BAT directement depuis votre compte affility ;
* possibilité de développer votre newsletter destinée à la mise en avant de votre programme auprès des affiliés ;
* gestion de la facturation en ligne.

EXEMPLE DE BACK-OFFICE : CELUI D'AFFILITY

STATISTIQUES ANNONCEURS SUR UN PROGRAMME ET DÉTAILS PAR SITE

Sur cette page-écran, on voit la simplicité du suivi d'une campagne d'affiliation : les clics par site, leur transformation, le chiffre d'affaires, les ratios et la rentabilité de la campagne.

PAGE D'ACCUEIL DE LA PLATE-FORME AFFILITY.COM

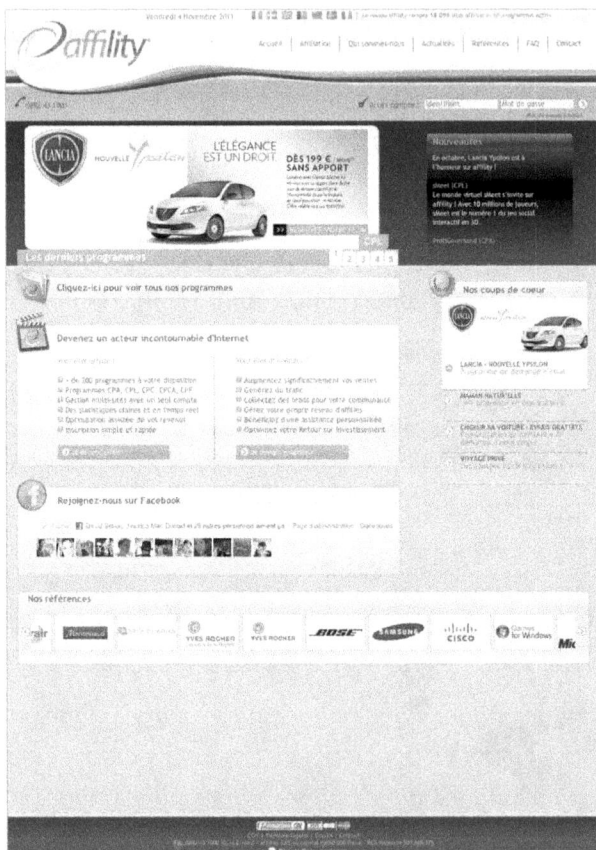

Pour l'annonceur comme pour l'affilié, s'inscrire sur une plate-forme est aussi simple que de s'inscrire sur n'importe quel site d'e-commerce.

L'annonceur : après s'être inscrit, il uploade (télécharge) sur la plate-forme ses modules publicitaires.

L'affilié : il choisit parmi les centaines d'offres d'annonceurs celles qui lui semblent le plus correspondre aux visiteurs de son site.

La plate-forme : après les inscriptions, elle dispose des éléments qui permettent d'enregistrer d'où viennent les clics et elle calcule en permanence la rémunération des affiliés (que ce soit au clic ou à la transaction).

EXEMPLE D'UNE FICHE PROGRAMME

Sur cette page-écran, l'affilié décide de proposer sur son site une publicité de la marque automobile Lancia qui fait une campagne pour des essais de son modèle Ypsilon. Il choisit les formats qu'il placera ensuite sur son site ou sur son blog. Il sera rémunéré à l'acte, c'est-à-dire lorsqu'un internaute qui sera venu grâce à lui s'enregistrera pour essayer le modèle dans une concession Lancia.

Conseils pour faire un bon affilié

Un bon site fera naturellement un bon affilié. On repère du premier coup d'œil un site qui a un avenir économique. Les plates-formes d'affiliations pistent en permanence les bons affiliés, elles surveillent comme le lait sur le feu leurs portefeuilles d'affiliés. Pour séparer les bons des mauvais, pour repérer ceux qui ont un potentiel parmi les petits ou les nouveaux arrivants, quelques critères suffisent : l'audience – une grosse audience c'est bien, une audience en croissance c'est mieux.

Les outils d'audience sont nombreux (Nielsen, Médiamétrie, Google, Statcounter, Xiti...) et ont chacun leurs usages. Si les publicitaires préfèrent Nielsen pour bâtir leurs campagnes et acheter de l'espace pour leurs annonceurs, on se contente de Google Analytics* pour se faire une idée de l'audience d'un site et du profil de cette audience.

Tous les affiliés ont accès à ces données qui leur permettent de ne pas naviguer en aveugle et de savoir qui les fréquente, quelles

> **BON À SAVOIR**
>
> • L'apparence générale du site : au premier coup d'œil, il doit susciter l'intérêt et inspirer confiance aux internautes et aux annonceurs.
> • Son nom et son URL doivent être simples à mémoriser.
> • Son design doit être dans l'air du temps et agréable à l'œil.
> • Son offre éditoriale doit être claire et la fraîcheur de son contenu est une preuve que ce n'est pas un site mort comme il en existe tant.
> • Son équipement de base doit comporter des abonnements périphériques (s'abonner à une newsletter, aux flux RSS, suivre le site sur Facebook et Twitter)
> • Ses mentions légales doivent être claires et visibles (qui sommes-nous, à propos, FAQ – *frequently asked questions*, les questions fréquemment posées –, revue de presse éventuelle, etc.).
> • Son fonctionnement technique doit répondre aux critères minimums requis (la vitesse d'affichage des pages et des vidéos, sa compatibilité avec tous les navigateurs, etc.).

pages sont ignorées, combien de temps reste l'internaute, quel navigateur utilise-t-il, d'où il se connecte... Mais c'est le volume de l'audience qui intéresse particulièrement les plates-formes, et surtout la courbe de cette audience. Une audience en croissance régulière est un facteur encourageant et, inversement, une audience en berne un facteur discriminant. Un affilié qui a une base de données ou des solutions innovantes pour faire de la publicité sera aussi privilégié.

Communiquer avec les affiliés *via* la plate-forme

Les affiliés sont vos partenaires, vous pouvez donc communiquer avec eux par l'intermédiaire de votre plate-forme d'affiliation : proposer un challenge, les avertir sur de nouvelles bannières, un nouveau produit exclusif, une période de soldes, etc.

Les plates-formes communiquent aussi collectivement avec les affiliés par e-mail pour leur faire connaître les nouveaux programmes d'affiliation proposés ou mettre en avant les annonceurs les plus performants.

EXEMPLE D'UNE NEWSLETTER ENVOYÉE PAR LA PLATE-FORME À SES AFFILIÉS

Cette newsletter met en avant les actions proposées par les annonceurs et la rémunération. Un annonceur mis en avant dans la newsletter qu'envoie régulièrement la plate-forme à ses affiliés verra à coup sûr les affiliés se pencher sur son offre et afficher ses annonces.

Historique rapide des plates-formes d'affiliation

Le concept, on l'a vu, a été posé par Amazon qui reste la première plate-forme d'affiliation au monde. Les historiens du Web racontent que Jeff Bezos a eu l'idée de l'affiliation en 1995 lorsque, au cours d'une réception, il fit la rencontre d'une dame qui possédait un site faisant des comptes rendus de livres. Elle lui proposa de faire la publicité des livres sur son site contre rémunération. C'est à ce moment-là qu'il aurait pensé tenir une bonne idée ! Amazon dispose aujourd'hui de 700 000 affiliés qui affichent ses offres et qui touchent un pourcentage sur les ventes à des internautes venus par leurs sites. Inutile de dire que cette idée simplement géniale a suscité des vocations.

Les premières plates-formes d'affiliation sont apparues à la fin des années 1990 en France. Importées de modèles américains, elles n'ont pas toutes survécu à la bulle de 2000 et à la surestimation du e-commerce à l'époque. Après la bulle, les gros acteurs internationaux de l'affiliation se sont naturellement installés en France. Il y a d'abord eu Tradedoubler, Commission Junction et quelques acteurs locaux qui ont fusionné ou ont été rachetés (Cibleclick par l'allemand Affilinet et Firtscoffee racheté par Zanox lui-même racheté par Axel Springer). Le marché français a été peu compétitif jusqu'en 2005 avec à peine cinq ou six concurrents. Aujourd'hui, ils sont une vingtaine en France contre des centaines aux États-Unis. Les poids lourds en Europe, concentrés sur les gros annonceurs, restent aujourd'hui Zanox et le suédois Tradedoubler.

Les annonceurs les plus importants ont fait grossir le marché en s'appuyant sur l'affiliation (Dell, Apple, les voyagistes comme Lastminute, Expedia, Govoyages, etc.) qui génère une croissance de l'ordre de 15 % par an. Pourtant, si l'e-commerce continue à croître, et même s'envole (+ 40 % au premier semestre 2011), l'affiliation reste avant tout un canal d'acquisition, qui amène de nouveaux clients.

L'évolution de l'affiliation est surtout le reflet de l'évolution du parc des affiliés. En effet, si le renouvellement des annonceurs est faible, celui des affiliés est constant. De nouveaux affiliés apparaissent, de nouvelles idées d'intermédiaires s'imposent et l'audience globale des portefeuilles d'affiliés s'accroît, tant en volume qu'en qualité.

La nouvelle étape, pour les plates-formes d'affiliation, est leur ouverture aux petits comptes à qualité de service égale. De nouvelles plates-formes simples d'usage, sans droits d'entrée exorbitants et avec un accompagnement marketing du client sont en train d'émerger. Comme affility par exemple.

L'affiliation reste un canal concurrentiel pour faire de l'acquisition à moindre coût mais les annonceurs rechignent parfois à payer le vrai prix de leur nouveau client amené par un affilié. Quand un annonceur ne paie que l'action réalisée, il va avoir tendance à vouloir réduire le pourcentage de l'affilié pour maintenir sa marge. C'est une vision court-termiste. L'avenir viendra de ses nouveaux clients et ils viendront des affiliés. Germain Bos, ex-DG de Tradedoubler France, a toujours tenu ce discours pragmatique aux annonceurs : « Vous payez déjà vos affiliés à la performance, ne les payez pas en plus au lance-pierres. »

Dans les faits, les modes de rémunérations sont nombreux (CPC, CPL, CPA, CPM, CPCA, CPF voir chapitre 5) mais le modèle économique n'est pas stabilisé. L'affilié supportant le risque d'une mauvaise campagne de l'annonceur, la tendance est aux modes de rémunération hybrides (CPA avec un minimum de garantie sur des envois en e-mailing par exemple…).

Partie 3

L'affiliation, combien ça coûte, combien ça rapporte ?

9

Combien les affiliés gagnent-ils ?

Voici une question fondamentale à plus d'un titre. Elle concerne tout d'abord ceux qui se lancent en vue de faire fortune, mais aussi ceux pour qui quelques centaines ou quelques milliers d'euros provenant de leur activité de blogueur ou de Webmaster amateur, représentent une manne suffisante pour envisager une nouvelle vie.

De la même façon que nous avons classé les affiliés en petits, moyens et gros, nous classerons les revenus possibles en petits, moyens et gros.

BON À SAVOIR

Avant de créer une entreprise lorsque vous commencez à faire du chiffre d'affaires, utilisez les nouveaux statuts comme celui d'autoentrepreneur.

Les petits : moins de 1 000 euros par mois

PROFIL N° 1 : LE BLOGUEUR NON ASSIDU (MOINS DE 100 EUROS/MOIS)

Un blogueur non assidu qui aura ouvert un blog ou un site perso sur un thème fortement sujet au buzz comme la téléréalité ou le people, ou sur des sujets à la curiosité naturelle comme la santé réalisera un début d'audience suffisant pour commencer à susciter des ventes. Au-dessus de 10 000 visiteurs uniques (VU) par mois, parvenir à gagner de l'argent est possible.

Si le bloggeur s'inscrit sur une ou plusieurs plates-formes d'affiliation et qu'il y puise les bandeaux publicitaires les plus adaptés à sa cible, il monétisera *a minima* son audience. Par exemple, pour les 12/25 ans, on trouvera des programmes d'affiliation de type mode, jeux vidéo, musique, etc.

PROFIL N° 2 : LE PETIT ANNUAIRE THÉMATIQUE* (MOINS DE 500 EUROS/MOIS)

Le site propose des annuaires recensant les offres par thème. Avec un bon sujet (tourisme, santé, mode), un bon nom de domaine et surtout un bon référencement, et avec des offres mises à jour manuellement tant bien que mal, le site peut espérer faire 100 ou 200 euros de chiffre d'affaires mensuel.

BON À SAVOIR

Un annuaire thématique avec moteur de recherche intégré montera jusqu'à 500 euros/mois selon le nombre de visiteurs atteint.

Les affiliés moyens : de 1 000 à 5 000 euros par mois

PROFIL N° 3 : LE BLOGUEUR DE QUALITÉ (MOINS DE 3 000 EUROS PAR MOIS)

C'est un blog un site régulièrement mis à jour par son créateur. Il traite d'un thème porteur (féminin, mode, cinéma, cuisine, bien-être, bons plans, bonnes adresses, etc.).

Son audience est insuffisante pour aller en haute mer mais elle est de qualité suffisante pour être monétisée, car la qualité se monnaye de plus en plus sur Internet. Il peut même susciter l'intérêt des régies publicitaires et des annonceurs en direct de par son contenu et son audience.

Il peut atteindre un CA pub et affiliation de 2 000 à 3 000 euros/ mois.

PROFIL N° 4 : ARRONDIR SES FINS DE MOIS ET ASSOUVIR UNE PASSION

Vous pouvez créer un site destiné à recenser toutes les réductions proposées par d'autres sites. Mais pour réaliser quelques milliers d'euros de chiffre d'affaires mensuel avec ce site, il faut être au four et au moulin, coder seul, c'est-à-dire faire le Webmaster, pister les promos toutes fraîches, mettre le site à jour… Autant dire que si vous pouvez partager cette passion dévorante en couple ou en famille, ce sera encore mieux.

SITE ACHATGRATUIT.COM

Ce site référence la plupart des réductions dont vous pouvez bénéficier dans un hypermarché et sur Internet.

SITE ACHETERGAGNANT.COM

Ce site rassemble les trucs et les astuces pour acheter moins cher.

Les « pros » : au-delà de 3 000 euros par mois

PROFIL N° 5 : LE « PRO »

Au-delà de 3 000 euros par mois de chiffre d'affaires, posez-vous la question : dois-je passer à la vitesse supérieure ? Si d'aventure vous parvenez à ce camp de base, vous pouvez rêver des sommets.

Vous êtes toujours seul, ou deux. Vous y passez vos nuits, vos week-ends, mais vous avez compris les leviers de rentabilisation de votre trafic. Vous commencez à savoir monétiser votre audience par la publicité, par les adwords, par l'affiliation, par votre base d'e-mails, vous avez automatisé la mise à jour de votre base de données, vous savez échanger de l'audience avec d'autres sites, on parle en bien de votre blog sur les forums*… C'est le moment d'investir un peu :

• dans la technologie en passant sur des modules de plates-formes de blogs ou de sites « pros », qui vous coûteront 100 euros par an au lieu des 15 de vos débuts ;

• dans une charte graphique* qui donnera à votre site la touche professionnelle qui lui manquait.

C'est également le moment d'investir dans de l'achat de mots-clés afin d'améliorer votre visibilité sur Google et votre audience.

Et enfin, c'est aussi le moment de commencer à envisager la valeur de vos visiteurs. Organisez des opérations de promotion ou des concours destinés à récolter des adresses e-mails que vous pouvez commencer à monétiser.

S'il vous reste du temps, devenez à votre tour annonceur, créez des bannières publicitaires et proposez-les à d'autres sites. Comme vous le savez, le troc ne coûte pas cher, c'est donc de l'acquisition d'audience à votre portée. Avec quelques centaines d'euros subtilement investis en publicité, vous pouvez accroître votre audience de plusieurs milliers de visiteurs.

> **BON À SAVOIR**
> À ce stade, fixez-vous comme objectif de réinvestir au minimum 50 % de vos bénéfices.

PROFIL N° 6 : L'ENTREPRENEUR

Mais si vous passez « pro », l'avenir est à vous et les contraintes aussi. À ce stade, vous entrez dans le monde des entrepreneurs. Désormais, chaque dépense doit s'envisager comme un investissement. Quand vous misez 1 euro, vous devez savoir combien il en générera. Bienvenue dans le monde du ROI, du retour sur investissement.

À ce stade, il est temps d'établir votre premier business plan. C'est votre tableau de bord, il vous permettra de piloter votre activité. Vous ne pouvez plus tout faire tout seul. Il faut commencer à déléguer et à vous concentrer sur la valeur ajoutée de votre site, son contenu, sa mise à jour.

Pour la technique, il vous faut désormais un Webmaster, un geek qui gérera le back-office, qui sait coder, qui est capable d'installer et d'automatiser une base de données sur votre site, qui trouvera tous les outils en open source et les adaptera.

Ensuite, au gré de votre croissance vous identifierez les ressources humaines qui vous manquent : graphiste, développeur, commercial… Et parmi eux, cherchez et encouragez ceux qui sont travailleurs indépendants ou autoentrepreneurs.

10

Les moyens techniques, financiers et humains nécessaires pour se lancer dans l'e-commerce

Laisser du temps au temps

Une campagne d'e-commerce met quatre à cinq mois pour trouver son modèle, son rythme et son parc d'affiliés. Ensuite, le e-commerçant va pouvoir affiner son offre, retirer certains produits qui n'accrochent pas, mettre en avant ceux qui sont les plus demandés. *In fine*, l'offre optimale sera souvent différente de l'offre initiale. Elle aura été confrontée au marché, elle se sera frottée à la demande. La bonne offre est celle que l'on aura bâtie en fonction des affiliés et de leurs performances. La seule condition requise pour l'annonceur est d'avoir un site pour accueillir le trafic envoyé par les affiliés. Internet démontre, si c'était encore nécessaire, que dans la loi de l'offre et de la demande, l'offreur propose mais c'est le client qui dispose.

Même si un site d'e-commerce est simple à construire ou peu coûteux à faire construire par un tiers, il engendre un certain nombre de contraintes auxquelles nul ne peut se soustraire. Évidemment, selon la taille de l'entreprise qui voudra ouvrir une e-boutique, et selon l'ambition de cette boutique virtuelle, les contraintes monteront d'un ou de plusieurs crans.

> **BON À SAVOIR**
>
> L'annonceur doit aussi prévoir une page affiliation sur son site et mettant en avant les conditions de rémunération de son programme d'affiliation et un lien vers sa plate-forme. Il peut même contacter directement les sites qu'il pense être dans sa cible afin de leur proposer de devenir affiliés à son programme.

On classera les annonceurs en trois catégories dans lesquelles chacun se reconnaîtra : les gros, les moyens et les petits.

Moyens techniques

GROS ANNONCEUR, GROS BESOINS TECHNIQUES

Chez les gros de l'e-commerce, l'affiliation est un moyen parmi d'autres d'étendre le chiffre d'affaires.

Les clients arrivent directement, ou *via* les moteurs de recherche, ou *via* les blogs, les réseaux sociaux ou les forums ou encore *via* les affiliés qui peuvent représenter 5 %, 10 %, 15 %, 20 % du chiffre d'affaires selon les cas, c'est-à-dire selon la qualité de l'offre et des prix, des affiliés, ou des créations publicitaires, etc.

L'e-commerce est gourmand en moyens techniques, même s'il s'agit d'une technique simple, souvent modulaire (module de paiement, module de panier, etc.). Il faut gérer des bases de données (références produits et clients, tarifs, gammes), assurer le tracking* des ventes réalisées, proposer des modules de suivi des commandes, avoir un call-center, relier le tout au service logistique…

Les « gros » ont tendance à internaliser ce savoir-faire. L'investissement est souvent supérieur au million d'euros, mais il est commun à tous les canaux de ventes électroniques. Bref, s'il est bien pensé, l'investissement est plus rentable que douloureux pour les grandes enseignes.

ANNONCEUR MOYEN, PETITS BESOINS TECHNIQUES

Les acteurs moyens du e-commerce sont le terreau du capitalisme électronique. En dehors de leur site d'e-commerce, leurs besoins techniques seront faibles.

Le site proprement dit est un catalogue des produits agencé selon les canons de l'ergonomie. Le consommateur doit pouvoir s'y promener sans se perdre, glisser les produits qui l'intéressent dans un panier électronique, pouvoir régler sa commande par PayPal ou par CB, suivre sa commande jusqu'à la livraison. Ces services aujourd'hui basiques sont autant de modules standardisés et intégrés aux e-boutiques.

L'annonceur moyen, s'il est malin ou ambitieux, ce qui va souvent de pair, y ajoutera des modules de tracking* de ses visiteurs, afin d'affiner son offre, l'adapter au plus près de la demande et connaître ses clients.

Il y a deux sortes d'annonceurs moyens : ceux qui le resteront et ceux qui grandiront.

Comment reconnaître un futur grand ?

C'est dans la capacité à appréhender et à exploiter à moindre frais la technique qu'on les repère aussi. Car la technique, si elle est synonyme de contrainte pour les plus de 30 ans, l'est aussi d'opportunité : celui qui maîtrise la technique maîtrise les coûts de cette technique. Mais il maîtrise aussi l'information. En effet, derrière chaque clic se cache une information sur celui qui clique et c'est par la somme et l'analyse de ces données que l'on transforme un visiteur en client et un client de passage en client régulier.

PETIT ANNONCEUR, PRESQUE PAS DE BESOINS TECHNIQUES

Les petits annonceurs ne sont pas les plus mal lotis pour démarrer. Ils ont une contrainte : construire leur e-boutique sans moyens. Ils s'adapteront toujours, car ils adapteront leur outil avec ce qui se fait.

Évidemment, cette bonne nouvelle est restrictive : sans affinités avec l'informatique ou simplement avec son ordinateur, le commerçant en chambre débutant n'a guère de chance de s'en sortir. Mais si l'on n'est pas soi-même un geek*, le pays regorge de jeunes gens doués qui ne demandent qu'à gagner un peu d'argent avec leur savoir-faire et leur dextérité informatique.

Autrement dit, pour pas cher, on peut construire ou faire construire une e-boutique avec les options de base : le panier, le paiement virtuel, le zoom sur les produits, etc. Les solutions open source* sont là pour ça.

> **À RETENIR**   N'oubliez pas les mentions légales qui sont obligatoires :
> • nom du responsable éditorial ;
> • nom et coordonnées de l'hébergeur ;
> • numéro certifiant votre inscription à la CNIL ;
> • copyright et propriété intellectuelle.

Moyens humains

Le facteur humain est essentiel dès lors qu'il s'agit d'entreprendre. La bonne idée mise en œuvre sans moyens humains appropriés finira dans la colonne des échecs, quelle que soit la taille de l'entreprise.

L'e-commerce n'y échappe pas et ne croyez pas que le simple fait que le secteur soit en croissance exponentielle peut vous soustraire à la mise à disposition de moyens humains.

LES PETITS : TOUT FAIRE SOI-MÊME

Dans le cas des « petits », le facteur humain est à la fois tout et rien. Le seul moyen dont dispose l'entrepreneur solitaire est son temps, c'est son équivalent argent. Il partagera son temps entre l'animation et la mise à jour de son site, la gestion des commandes et des livraisons, et son référencement sur Internet.

Le petit e-commerçant n'aura pas d'autre moyen que l'affiliation pour pénétrer le marché. Sa vitrine, c'est son site, sa boutique ce sont les sites affiliés et son arrière-boutique, c'est sa logistique.

LES MOYENS : NOMMER UN RESPONSABLE

Dans le cas des acteurs moyens, se référer au cas des gros acteurs. En effet, dès lors que l'on n'est plus seul, se pose le problème de la dilution des responsabilités. Or, sans responsables, l'entreprise est déresponsabilisée et son offensive sur le Net reste une intention fondée mais vouée à l'échec.

Une personne doit être responsable. Pas de responsable : pas de responsabilité…

LES GROS : INTÉGRER LE NOYAU DE DÉCISION DE L'ENTREPRISE

Si personne n'est dédié au e-commerce, si personne n'est véritablement responsable de ce service, ça ne marchera pas.

Il faut que le responsable du e-commerce appartienne à la chaîne de décision de l'entreprise. Cela semble évident, mais Internet souffre encore d'un réel ostracisme dans les grandes entreprises.

Moyens logistiques

La logistique est la pierre angulaire d'Internet. Sans une logistique parfaite, pas d'e-commerce. L'achat sur Internet est un achat d'impulsion qui exige une satisfaction rapide et totale du client. La promesse d'une livraison rapide est donc une clé et un retard de livraison signe votre arrêt de mort.

La logistique, même si le mot vous fait peur, englobe une réalité faite d'entrepôts et de cartons. C'est une réalité incontournable et inévitable. De même, c'est votre organisation logistique qui permettra des livraisons en quarante-huit heures, et non plus en quinze jours comme avant. Désormais, les sites d'e-commerce doivent s'aligner sur les canons de livraison imposés par les leaders.

Si, pour un produit simple, vous livrez votre client en deux semaines, il ira chez votre concurrent puisqu'il faut que vous sachiez que les internautes décident d'acheter ou non en fonction de deux critères non négociables : le prix et les délais de livraison. Les annonceurs qui pensent encore que le délai de livraison n'est pas fondamental commettent une erreur qui leur sera fatale.

« Si vous rendez vos clients mécontents dans le monde réel, ils sont susceptibles d'en parler chacun à 6 amis. Sur Internet, vos clients mécontents peuvent en parler chacun à 6 000 amis » (Jeff Bezos).

LA LOGISTIQUE, ENCORE UNE SPÉCIALITÉ D'AMAZON

C'est Jeff Bezos, le fondateur d'Amazon, qui a compris le premier qu'il fallait livrer vite et, qu'au fond, le produit lui-même était secondaire par rapport à sa livraison. En raccourcissant sans cesse ses délais, puis en offrant les frais de port, Amazon a investi des milliards mais moins qu'elle n'a gagné.

Le gain de temps c'est de l'argent et travailler l'exhaustivité et la rapidité, c'est pour Amazon travailler ses deux leviers de croissance.

Mieux encore, pour améliorer son offre, c'est-à-dire exhaustivité (des produits) et rapidité (de livraison), Amazon renvoie désormais vers d'autres distributeurs lorsqu'elle ne dispose pas d'un produit, aux mêmes conditions de livraison. Le réseau de distributeurs, encore une arme d'Amazon.

Quelle que soit leur taille, les sites d'e-commerce doivent proposer trois choses au consommateur qui vient de remplir son panier électronique :

- *une livraison rapide*, en négociant avec les transporteurs comme La Poste, DHL ou même, dans les grandes villes, avec des coursiers ;
- *le suivi de commande en ligne* nécessite de la technologie mais les plates-formes d'expédition fournissent le logiciel de suivi des commandes qui génèrent des codes-barres et permettent le traçage du produit ;
- *un call-center* ou une ligne dédiée aux commandes-clients et aux réclamations.

L'idéal est d'afficher sur votre home page les icônes des services que vous assurez, comme ici ceux du site lamaisondevalerie.com ou ceux de maman-naturelle.com.

ICÔNES DES SERVICES SUR LAMAISONDEVALERIE.COM

ICÔNES DES SERVICES SUR MAMAN-NATURELLE.COM

Quelle que soit votre taille, ces investissements sont nécessaires.

Les gros du e-commerce sont obligés de confier la construction de leurs e-boutiques à des Web-agencies avant de les connecter à leurs bases de données, d'automatiser les flux de mises à jour et de relier l'ensemble à leur plate-forme logistique.

Si vous débutez seul, vous pouvez disposer d'outils à votre main :

- un Webmaster malin vous trouvera en open source* des outils d'e-commerce et de gestion de bases de données, il se servira de flux RSS* pour les mises à jour ;
- un graphiste vous dessinera le design de votre site, jusqu'au moindre bouton ;

* il vous faudra investir dans le stock afin de pouvoir servir les clients ;
* il faudra choisir un transporteur au meilleur rapport rapidité/prix.

Moyens financiers

La création d'un site d'e-commerce coûte… mais 10 ou 100 fois moins cher que l'entretien d'un fonds de commerce réel ou que la marge d'un revendeur.

La création technique et graphique coûtera moins de 5 000 euros pour un petit site conçu par un tandem Webmaster et graphiste. L'idéal serait que vous les gardiez sous le coude par la suite, car vous devrez sans cesse améliorer votre offre et mettre à jour votre catalogue sur votre site.

Les frais techniques et graphiques peuvent monter au-delà de 150 000 euros pour les gros sites d'e-commerce bâtis par certaines agences.

Les moyens de paiement de base

Quand on travaille avec et sur Internet, pouvoir payer et être payé en toute tranquillité est une contrainte à prendre fortement en compte.

Le paiement en liquide n'est pas recommandé (il est toutefois possible par transfert, comme le propose par exemple Western Union). Reste donc le paiement par intermédiaire sécurisé, le paiement par carte, et le chèque.

PAYER PAR PAYPAL

C'est le moyen de paiement né avec Internet. Il se définit lui-même comme étant uniquement un fournisseur de services de paiement. Il permet de payer, de recevoir des paiements, d'envoyer ou de recevoir de l'argent. L'usage de PayPal est très étendu mais nous vous conseillons de lui adjoindre les autres moyens de paiements électroniques. En effet, PayPal n'a pas que des avantages eu égard au taux de commission qu'il pratique mais il est plébiscité par de nombreux internautes.

Voici deux exemples de moyens de paiement offert par deux sites d'e-commerce : Fotolia et maman-naturelle.

LES MOYENS DE PAIEMENT PROPOSÉS PAR http://fr.fotolia.com/

LES MOYENS DE PAIEMENT OFFERTS PAR www.maman-naturelle.com

PAYER PAR CARTE BANCAIRE

C'est le moyen le plus sûr et le plus simple. Tout le monde a une carte bancaire, tout le monde n'a pas ouvert un compte PayPal.

BON À SAVOIR

De plus, il suffit, mais on ne le sait pas forcément, de s'adresser à sa banque, de lui demander une solution de paiement sécurisée et c'est elle qui vous la fournira et vous garantira contre la fraude. Demandez-lui une solution évolutive et sécurisée pour développer vos encaissements. Pour une fois, votre banque peut vous être véritablement utile, alors profitez-en !

E-TRANSACTIONS DU CRÉDIT AGRICOLE

Une des solutions de paiement les plus simples à mettre en place.

PAYER PAR CHÈQUE

Seul un e-commerçant sur dix proposera ce moyen de paiement et on comprend pourquoi : le traitement des chèques est fastidieux, leurs frais de traitement élevés et les chèques en bois sont trop nombreux. À éviter.

BON À SAVOIR

Avoir un site avec un beau design et équipé de ces fondamentaux permet aux petits e-commerçants de ne pas se différencier à première vue des gros et de pallier leur manque de moyens par un gain de confiance.

Vos outils d'e-commerce de base

Si à la lecture de ce livre, vous décidez de vous mettre « à votre compte » et d'ouvrir un commerce en ligne voici ce que votre site doit avoir :

- le panier électronique. Il permet pour le client qui vient sur votre site de payer les articles achetés, de vérifier la transaction et d'accepter le règlement pour mettre en œuvre la commande et sa livraison. Il existe sur le marché différents paniers électroniques. Si vous êtes un peu bricoleur, des solutions en open source existent ;

- côté e-commerçant, donc votre côté. Veillez à ce que votre back-office ait la capacité de vous faire des rapports détaillés sur vos ventes, vos inventaires, vos clients, les adresses de livraison. Optez pour une solution évolutive. Si demain vos affaires croissent, votre back-office doit pouvoir suivre (vérifiez les mises à jour tous les six mois) ;

- côté client maintenant :

  - prévoyez un *customer order* ou compte client. C'est la possibilité pour vos clients de visualiser leur compte et leur historique de commandes ;

  - pensez à la fonction facture imprimable ;

  - proposez plusieurs adresses de livraison différentes : il s'agit d'une fonction bien pratique pour les clients qui expédient souvent des cadeaux à des amis et des membres de la famille ;

  - la livraison garantie en quarante-huit heures pour les produits disponibles immédiatement. On l'a vu plus haut, la logistique est à soigner tout particulièrement. Il y va du succès de votre site ;

  - le paiement sans frais par PayPal ou par carte bancaire ;

  - les frais de port gratuits à partir d'un certain montant d'achat. C'est un argument commercial extrêmement impactant et spécifique aux magasins en ligne ! Les études montrent (http://www.portgratuit.fr/eguide/Guide_frais_de_port.pdf) que les consommateurs préfèrent les frais de port gratuits à un rabais et mieux encore, la gratuité les incite à remplir encore plus leur panier électronique !

- le suivi de la commande en ligne. Outil extrêmement pratique, il permet à vos clients de savoir où en est leur commande ;
- un service client accessible. Parfois un simple numéro de téléphone (évitez les numéros surtaxés) une vraie personne avec une vraie voix suffit pour répondre à un client ;
- le suivi sur les réseaux sociaux. Utilisez les réseaux sociaux, créez sur Facebook la page de votre entreprise, faites-le savoir, communiquez dessus, recruter des fans, rajoutez sur votre site le logo :

Rejoignez nous sur Facebook

Partie 4

Des écueils
et quelques succès

11

Les quatre points sensibles à surveiller

Pour un annonceur, l'affiliation, et plus largement l'e-commerce, peuvent devenir une source de croissance inespérée. Pourtant, si vendre sur Internet semble facile à mettre en œuvre il n'en reste pas moins que les pièges sont là et qu'il s'agit de les éviter.

La cannibalisation

Pour une entreprise qui existe dans le commerce réel, avec ses revendeurs, ses boutiques, ses représentants, le premier risque qu'elle prend en ouvrant un second front sur Internet, c'est la cannibalisation. En effet, il va falloir immédiatement éteindre un incendie : l'e-commerce, avec sa croissance annuelle à deux chiffres est le premier concurrent des vendeurs traditionnels, surtout en temps de crise.

Que peut une boutique ou une agence de voyages de centre-ville ou même un centre commercial si sur Internet on trouve le même produit pour moins cher avec livraison gratuite sous vingt-quatre ou quarante-huit heures ? Elle doit s'adapter, faire le dos rond, envisager une rétractation de son chiffre d'affaires.

L'entreprise devra préparer ses réseaux traditionnels à cette nouvelle arme qui vient renforcer l'enseigne mais affaiblir son réseau existant. Elle devra gérer la cohabitation entre ses nouveaux distributeurs virtuels et ses distributeurs traditionnels. Car quand les groupes ont goûté au e-commerce, ils n'en démordent plus : ils ont compris que leur levier de croissance est aussi dans ce nouveau monde et qu'ils devront petit à petit se délester de leurs anciens réseaux de ventes ou alors les faire muter :

• les représentants deviennent une espèce résiduelle du XXe siècle et tendent à disparaître ;

• les catalogues imprimés sont considérés comme un crime écologique et leur coût est exorbitant entre la conception, la fabrication, l'impression, la distribution… ;

• les réseaux de ventes se plaignent de la concurrence d'Internet et se rétractent lentement. Là est le risque commercial immédiat, dans cette bascule entre les marges moyennes mais régulières du commerce physique et les marges exponentielles d'Internet.

LE CAS INTERNITY.FR

SITE INTERNITY.FR

Internity est une enseigne de distribution de produits high-tech présente en France (150 points de vente) et dans les pays européens les plus développés (600 points de vente). La problématique de son site était simple : comment le faire cohabiter avec un réseau physique sans cannibalisation de l'un par l'autre.

Le problème est en effet classique : les vendeurs considèrent les sites de leurs enseignes comme un concurrent direct qui tend à les démotiver, d'autant plus que les sites marchands proposent généralement plus de références et souvent des tarifs plus attractifs sur certains produits phares. Dans le cas d'Internity, le catalogue du site affiche 8 000 références contre 500 environ dans les boutiques.

Pour que le réseau de vente intégré ne considère plus le site comme un concurrent, le site a lui-même été mis au cœur des magasins. Les vendeurs s'en servent donc comme outil d'aide à la vente : le catalogue est plus vaste que leurs stocks, les caractéristiques des produits y sont détaillées, les produits non disponibles en boutique sont proposés au client en livraison rapide.

En définitive, désormais, les clients font leurs achats *via* le site, depuis chez eux, ou en boutique avec l'aide du vendeur qui n'est plus exclu et reste intéressé aux ventes qu'il réalise.

Internity.fr effectue entre 16 % et 20 % du chiffre d'affaires des boutiques (hors téléphonie) et pratique l'affiliation depuis longtemps. Elle génère entre 20 % et 40 % de son CA selon les périodes (soldes, Noël, rentrée).

La politique d'internity.fr vis-à-vis des affiliés est de les intéresser systématiquement au CA qu'ils suscitent et même au nombre d'actes d'achats dans une période donnée dans le cas des produits peu chers qui marchent de mieux en mieux comme les accessoires de téléphonie.

Pour Nicolas Ciccione qui dirige la partie Internet de l'enseigne, l'équation est simple face aux affiliés qui se révèlent de plus en plus impatients : offrir sur le programme d'affiliation les bons produits au bon prix au bon moment. Et il cite en exemple une carte graphique pour jeux vidéo sur PC que l'enseigne a proposé avant la concurrence et que les affiliés ont plébiscité. Il évoque aussi une campagne qui avait bien marché auprès des affiliés parce que sa marraine était Clara Morgane.

Eh oui, le people et l'affiliation peuvent faire bon ménage aussi...

La fraude

La fraude est un business. Ce business a ses marchés de prédilection, la délinquance électronique étant la plus ingénieuse et la plus rentable.

La fraude suit les innovations d'Internet à la trace. La fraude au clic est apparue avec la publicité en ligne. Les faux clics qui font monter artificiellement les performances d'une publicité sont vieux comme le Nouveau Monde. Les trackeurs de moteurs de recherche ou d'adresses IP parviennent à endiguer les petits fraudeurs mais les gros fraudeurs sont autrement plus dangereux.

Il y a ceux qui se font passer pour des marques ou des institutions. En cliquant sur un faux e-mail siglé Facebook ou EDF, la naïveté de l'internaute le poussera dans le meilleur des cas à cliquer sur des pubs et à nourrir une base de plusieurs millions de membres revendue *illico presto* à d'autres clients ou, dans le pire des cas, l'internaute remplira des formulaires jusqu'à donner le code de sa carte bleue. Pour un sur 1 million de taux de transformation, un délit comme celui-ci reste hautement rentable mais c'est désormais un délit pénal durement sanctionné. Son nom : le phishing*.

Il y a aussi le fraudeur qui va délibérément provoquer de fausses commandes chez l'annonceur, déclenchant des envois avec des enregistrements de paiement erronés, souvent volés. Des solutions comme 3-DSecure* ou Fia-Net* existent pour endiguer ces phénomènes. Vous pouvez aussi demander une copie de la carte d'identité à votre client pour des sommes importantes et lorsque les données vous semblent douteuses.

La mauvaise rémunération des affiliés

Si la rémunération offerte à l'affilié le déçoit, celui-ci ne fera aucun effort. C'est humain. C'est le risque numéro 3 d'une mauvaise affiliation. Le moins destructeur, le plus facile à corriger. Il existe plusieurs modes de rémunération possible des affiliés : à l'audience ou à la vente.

LA RÉMUNÉRATION À L'AUDIENCE OU RÉMUNÉRATION AU CLIC (CPC)

Elle peut être la moins coûteuse mais pas forcément la plus efficace. La rémunération à l'audience est héritée des médias traditionnels. L'annonceur rémunère l'affilié au volume d'audience qu'il suscite sur son site. Chaque clic qui vient d'un site ou d'un blog affilié, et qui envoie vers une page du site de l'annonceur est rémunéré :

• le clic simple (CPC) est le moyen le moins cher et le plus facile pour acquérir un gros volume de trafic ;

• le clic d'arrivée (CPCA) est beaucoup plus fiable. Il vaut 2 à 5 fois plus cher que le clic simple mais c'est le prix à payer pour avoir l'assurance que la page sera chargée entièrement et donc la chance est plus importante de transformer ce clic en intention d'achat.

CONSEIL   Optez pour le CPCA dans le cas d'un besoin de trafic important dans une courte période (soldes, Noël). Dans l'idéal, combinez-le avec un intéressement de l'affilié sur les ventes qu'il générera et votre campagne sera efficace.

LA RÉMUNÉRATION À LA VENTE OU AU FORMULAIRE S'IMPOSE : « LA LEAD GENERATION* »

Les bons affiliés privilégient souvent le lead* parce qu'ils savent qu'être rémunérés au lead est généralement considéré comme étant le plus rentable. C'est la lead generation.

> **À RETENIR** Un annonceur, pour attirer le maximum de sites affiliés, ne doit pas hésiter à proposer à ses affiliés plusieurs modes de rémunération : un pourcentage sur les ventes, un pourcentage sur les ventes associé à une rémunération au formulaire, voire aussi une rémunération au clic d'arrivée (CPCA).

Reversez 5 %, 10 %, jusqu'à 30 % de votre chiffre d'affaires selon les cas. C'est à ce prix que l'annonceur entretient de bons rapports avec ses partenaires et qu'il les pousse à accroître son chiffre d'affaires, puisque son CA, c'est le leur. Et *vice versa*. Mais rassurez-vous, si les nouveaux clients vous coûtent plusieurs points de marge à l'acquisition, il vous appartient ensuite de les fidéliser (envois de newsletter par exemple).

N'oubliez pas que la concurrence veille et si les gains que vous proposez à l'affilié sont trop faibles, il ira chercher ailleurs une meilleure offre.

La bonne sélection des affiliés

Mais vous pouvez aussi pécher non par le caractère peu alléchant de votre offre commerciale auprès des affiliés, mais parce que vous avez de mauvais affiliés.

Un mauvais affilié est :

• soit un mauvais site qui suscite peu d'audience et donc encore moins de prises de commandes ;

- soit un affilié hors sujet qui s'est trompé d'annonceur ou qui croit qu'il peut tout vendre. Un blog littéraire ou féminin est idéal pour vendre des livres ou de la cosmétique, pas des essais de voitures. Et inversement, n'essayez pas de vendre des romans à des internautes qui cherchent une voiture.

Si vous rémunérez au CPA, votre risque sera nul. En revanche, pour du CPC par exemple, votre taux de transformation sera moins intéressant sur des sites moins bien ciblés.

BON À SAVOIR

La plate-forme d'affiliation peut aussi conseiller les annonceurs dans le choix des affiliés.

12

Méditer quelques *success stories* de l'affiliation sur le marché français

Le business de l'affiliation a déjà ses *success stories*. Dans ce que l'on appelle le top affiliés, on trouve quelques belles réussites, des petites entreprises qui ne connaissent pas la crise, et ne sont pas prêtes de la connaître. En France, elles sont quelques dizaines à réaliser plus de 500 000 euros de chiffre d'affaires annuel et des centaines d'autres devraient apparaître et s'installer d'ici 2020.

L'affiliation représente entre 7 % et 25 % du chiffre d'affaires de l'e-commerce. C'est le chiffre d'affaires généré par les clients nouveaux, qui arrivent chez les marchands *via* les sites et les blogs affiliés. Qu'ils soient gros, moyens ou petits, tous les annonceurs ont en commun l'e-commerce. Au classement par taille, nous privilégierons ici une classification plus dynamique : les marchands de niche et les autres.

Ils ont tous en commun de disposer des outils de base nécessaires à un site d'e-commerce. Sur Internet, le plus difficile, c'est en effet d'amener le consommateur jusqu'à vous. Ensuite, si votre site inspire confiance, que l'offre et le bénéfice client apparaissent au premier coup d'œil, si le circuit de prise de commande du panier jusqu'au paiement ressemble à ce que le consommateur connaît en achetant sur les grands sites type Amazon, Fnac, La Redoute, etc., rien ne semble plus vous différencier d'eux.

À ce stade-là, c'est le produit qui parlera, son attractivité, son prix, ses délais de livraison. Et si vous n'êtes pas fiable, les internautes le feront savoir sur les forums et votre image sera (à juste titre) dégradée sur les pages de Google.

Les e-commerçants de niche, si leur niche est appropriée et correspond à une demande, peuvent alors connaître un réel succès dès lors qu'ils assureront la commande telle que vantée sur leur site. Reste à trouver la niche.

En voici quelques exemples. Étudiez-les en vous rappelant d'un chiffre : il se crée 2 sites d'e-commerce toutes les heures en France, soit près de 20 000 par an.

Les petits annonceurs : ce sont souvent les marchands de niche

Internet est un eldorado pour les vendeurs de produits ou services très pointus. Leur potentiel est souvent plus international que les gros sites d'e-commerce. En effet, l'e-commerce de niche ne connaît aucune frontière, ni thématique, ni géographique. Cependant, ces derniers peuvent disparaître aussi vite qu'ils sont apparus, paradoxalement, parfois victime de leur succès.

Le cas typique de l'échec, c'est la bonne idée, la bonne offre, mais l'incapacité à assumer les commandes.

Exemple

Un site de piercing. L'offre est vaste, les prix attractifs, son créateur commande en Chine mais très vite, il ne parvient plus à livrer, à assurer les envois quotidiens, à se réapprovisionner des modèles qui marchent le mieux… résultat, il doit jeter l'éponge.

La leçon : il ne maîtrisait pas ses fournisseurs et sa logistique était inexistante.

À l'inverse, sur une autre niche, celle des produits un peu écolos pour jeunes mamans (une cible très prisée) le succès de maman-naturelle.com est un cas d'école.

LE CAS EMBLÉMATIQUE DE MAMAN-NATURELLE.COM

Créé en 2007 par une jeune maman enceinte à la recherche de produits naturels et de bons conseils sur les forums, le site propose des produits de puériculture pratiques, innovants, écologiques. Ses produits phares sont les couches lavables et les écharpes de portage pour bébés.

En 2007, il y avait trois ou quatre petits acteurs sur ce marché, à l'ombre des deux gros du secteur : Aubert et Verbaudet. Le site ouvre sans investissement lourd, avec une ergonomie Web standard et une e-boutique open source.

Le trafic, parti de zéro, est d'abord venu naturellement grâce aux forums de discussion puis grâce au travail effectué sur le référencement du site sur Google, l'inscription dans des annuaires et des comparateurs, la rédaction de pages de contenus renvoyant vers le site. C'est ce travail de référencement qui lui a permis de prendre de l'avance sur ses concurrents.

À la fin de la première année, le chiffre d'affaires était de 80 000 euros et trois ans plus tard, en 2010, maman-naturelle.com a réalisé 450 000 euros de chiffre d'affaires, soit celui d'une boutique moyenne, et le site emploie 4 personnes. En 2011, l'audience moyenne est de 1 500 visiteurs par jour qui déclenchent une trentaine de ventes quotidiennes (soit environ 50 000 visites par mois et 600 à 700 ventes mensuelles).

L'investissement initial a été de 10 000 euros, intégralement investis dans le stock mais aujourd'hui, pour se lancer, il lui faudrait mobiliser selon ses fondateurs 100 000 euros dont la moitié pour le référencement sur le Web.

Ses affiliés sont rémunérés au CPA à hauteur de 10 % du panier d'achat hors frais de port. Les affiliés amènent 5 % à 10 % du CA de maman-naturelle. Cela peut sembler faible, mais c'est un vivier de croissance important car ce sont tous de nouveaux clients qui reviendront s'ils sont satisfaits.

LE SITE MAMAN-NATURELLE.COM

Le succès des intermédiaires qui se sont rendus indispensables

La fonction commerciale des intermédiaires est de s'interposer entre le détenteur d'un produit à vendre et le client final. Ils se sont imposés comme les intermédiaires pratiques entre une demande pressante (j'ai besoin de changer vite mes pneus) et une offre atomisée (je peux aller chez n'importe quel garagiste).

C'est le cas de allopneus.com, l'un des succès les plus éclatants de l'affiliation : 115 millions de chiffre d'affaires en 2010 et 40 % de croissance.

LE CAS ALLOPNEUS.COM

Allopneus n'est pas seulement un intermédiaire entre un offreur et un demandeur, il a créé entre les deux un service qui apporte un vrai bénéfice consommateur ; c'est la source de son succès.

Au départ : une idée simple, basée sur un besoin récurrent. D'un côté, des automobilistes qui doivent changer les pneus de leur voiture, de l'autre, des garagistes. Au milieu, allopneus.com qui est à la fois un comparateur de prix des pneus et une interface de prise de rendez-vous chez le garagiste le moins cher et le plus proche. Allopneus a plusieurs sources de chiffre d'affaires : il vend des pneus (et autres accessoires) et il amène des clients chez des garagistes qui les poseront et le rémunéreront sur le prix de la pose.

ALLOPNEUS.COM LE SITE LEADER DE LA VENTE DE PNEUS DISCOUNT SUR INTERNET

LE CAS CHOISIR-SA-VOITURE.COM

Le principe : les constructeurs sont à la recherche permanente de nouveaux prospects décidés à se rendre en concession pour essayer des véhicules. Ils achètent alors des prospects de visite en concession par l'intermédiaire du site. À l'issue de chaque essai, le prospect reçoit une proposition commerciale de la part de la concession automobile. La nature du site fait qu'il n'est consulté que par un public en phase d'achat, ce qui en fait le meilleur endroit pour recueillir des leads revendus au constructeur plusieurs dizaines d'euros selon les marques.

Lancé fin 2007, il réalise une audience supérieure à 700 000 visiteurs uniques par mois et a généré en 2011 environ 100 000 leads. Il réalise 2 millions d'euros de chiffre d'affaires et emploie 15 personnes. Il s'est développé sur d'autres créneaux sur le même principe : choisir son forfait mobile, choisir son accès Internet, choisir sa banque et son assurance en fonction des tarifs et des taux de crédits pratiqués.

SITE CHOISIRSAVOITURE.COM

Site comparateur de prix – agissant presque comme un intermédiaire – qui permet, de chez soi, de chercher, de comparer différents modèles et de trouver une voiture neuve au meilleur prix.

Il s'est appuyé sur les leviers marketing traditionnels : le trafic naturel, l'affiliation, l'achat de mots-clés, la publicité, la co-registration* et sa base de membres.

Le succès de ce site s'est fait en deux temps : tout d'abord, la bonne idée a généré un succès d'audience, ensuite le modèle économique qui a assuré le développement s'est imposé. Pour vivre et faire vivre ses créateurs, un site doit passer à la rémunération à la performance (au lead) et pour cela, il lui faut une audience de qualité, prête à passer à l'acte d'achat.

SITE CHOISIRSAVOITUREECOLOGIQUE.COM

Le site propose aux internautes soucieux d'environnement de choisir un véhicule respectueux de l'écologie.

TOUTGAGNER.COM (GROUPE PLUG N PRESS)

Créée en 2002, la société réalise 1,2 million d'euros de chiffre d'affaires et emploie 11 personnes autour de deux sites et deux activités : toutgagner.com, un site qui recense les promos et les jeux concours sur Internet et oogolo.com, un site de bonnes affaires en matière de voyages.

Ces deux secteurs sont très concurrentiels, « mais nous avons notre manière de faire et pas de concurrent direct, explique Olivier Perrot, son fondateur. Notre cœur de métier, c'est de livrer de l'information pertinente aux internautes ».

SITE TOUTGAGNER.COM

Le site est un annuaire gratuit qui référence les jeux concours.

Toutgagner.com réalise 400 000 visiteurs uniques par mois pour 2 millions de pages vues par jour (50 000 visites par jour). Ce score élevé de 40 pages vues par personne et par jour s'explique par la tendance à l'exhaustivité du site qui intègre quotidiennement 100 à

150 nouveaux jeux concours. Son audience s'articule autour d'un noyau dur de 10 % de visiteurs quotidiens et 90 % de visiteurs réguliers qui viennent 4 à 5 fois par mois.

Le chiffre d'affaires de toutgagner.com est de 600 000 euros par an principalement en CPL (80 % du CA) puisque son modèle économique est basé sur la génération de leads (inscriptions par le biais de jeux concours).

Toutgagner.com s'appuie sur une newsletter quotidienne envoyée à 240 000 adresses actives constituées *from scratch* depuis 2002 et qui enregistre 600 à 700 inscriptions nouvelles par jour. Cette base d'adresses n'est pas commercialisée ni louée afin de maintenir sa qualité opt-in.

C'est le seul site de jeu concours à rédiger des fiches explicatives par concours et à donner des conseils aux internautes.

Exemple

Une grande enseigne de distribution. « À gagner : 16 lots de 2 places pour les matchs de 8e de finale de la Coupe de France de football le 7 ou le 8 février. Inscrivez-vous et choisissez le match pour lequel vous voulez jouer pour participer au tirage au sort. Attention : cochez les cases à la fin du formulaire si vous ne voulez pas que vos informations soient cédées à des tiers. »
Ce genre de précision nécessite 6 personnes à plein-temps, rassure pleinement les concouristes et crée avec eux une relation de confiance ce qui explique sa forte audience.

Même si le site touche de l'argent sur 3 % de la centaine de jeux concours mis en ligne chaque jour (soit 1 500 jeux-concours actifs en permanence et une rémunération du site sur une trentaine d'entre eux) cette tendance à l'exhaustivité est un facteur clé de son succès.

De même, explique encore Olivier Perrot, « l'aspect graphique n'a pas d'importance ; les meilleurs sites ne sont pas les plus beaux mais les plus cliquables ».

OOGOLO.FR

Avec une audience beaucoup plus faible (10 000 visiteurs uniques par jour et 50 000 pages vues) oogolo.fr réalise également 600 000 euros de chiffre d'affaires annuel avec la génération de ventes dans le tourisme (au CPA, clic, fixe sur ventes) et sa newsletter hebdo de 210 000 abonnés.

SITE OOGOLO.FR

Ce site comparateur recense toutes les offres de prix relatives aux voyages.

Les gros annonceurs : ce sont les gros du e-commerce

À leur niveau, on est déjà dans l'industrie et plus dans l'eldorado du Net. Les gros du e-commerce vivent beaucoup de l'affiliation mais ne communiquent pas à ce sujet, car ce n'est pas leur intérêt de montrer leur dépendance aux affiliés.

Voici, à partir du classement établi par le magazine *L'Entreprise* le 13 septembre 2011, les 75 premiers sites marchands de France.

Les soixante-quinze premiers sites marchands de France

	Raison sociale	CA Web 2010 (K€)	Croissance 2010-2009	Rentabilité 2010 (%)
1	REDCATS (La Redoute) • Mode et décoration	1 855 000	13,00 %	NC
2	3 SUISSES INTERNATIONAL* • Mode et décoration	1 260 000	NC	NC
3	CDISCOUNT • Généraliste	1 150 000	15 %	NC
4	CARREFOUR* • Généraliste	960 000	NC	NC
5	PIXMANIA** • Généraliste	897 000	124,00 %	NC
6	AUCHAN* • Généraliste	890 000	NC	NC
7	VENTE PRIVEE.COM* • Vente événementielle	782 000	15,00 %	6,39 %
8	FNAC.COM • Biens culturels	492 030	NC	NC
9	PROMOVACANCES • Voyages en ligne	450 000	NC	NC
10	RUEDUCOMMERCE** • Généraliste	352 635	10,30 %	0,11 %
11	DARTY • Électroménager, multimédia, téléphonie	280 000	NC	NC
12	MISTERGOODDEAL • Généraliste	275 000	NC	NC
13	TICKETNET • Billetterie de spectacles	227 000	NC	NC
14	VPG VOYAGE-PRIVE.COM • Voyages en ligne	200 000	98,00 %	7,00 %
15	ARAMIS • Mandataire automobile	172 000	49,00 %	1,37 %
16	MANUTAN • Outillage et matériel de bureaux	168 900	NC	NC
17	LDLC.COM • Matériel informatique	145 510	NC	0,97 %
18	SHOWROOMPRIVE.COM • Mode	130 000	73,00 %	7,69 %
19	ALLOPNEUS.COM • Pneus	115 000	40,00 %	NC

.../...

	Raison sociale	CA Web 2010 (K€)	Croissance 2010-2009	Rentabilité 2010 (%)
20	BRANDALLEY • Mode	100 000	100,00 %	NC
21	DOMISYS-MATERIEL.NET • Matériel informatique	95 000	20,00 %	NC
22	OSCARO.COM • Équipements automobiles	90 000	NC	NC
23	AUTO-IES • Vente de voitures à distance	83 000	6,00 %	NC
24	SARENZA • Chaussures et accessoires	80 000	100,00 %	NC
25	YVES ROCHER • Produits de beauté	70 000	30,00 %	NC
26	FOTOLIA • Banque d'images	69 000	NC	NC
27	SPARTOO.COM • Chaussures	65 400	130,00 %	– 2,18 %
28	OXYBULEVEIL&JEUX • Jeux et livres	65 000	NC	NC
29	RAJA • Emballage	58 000	30,00 %	NC
30	VENTE-UNIQUE.COM • Meubles	45 000	12,50 %	NC
31	NEXWAY** • Distribution de logiciels	42 100	NC	NC
32	PRICEMINISTER** • Généraliste	39 972	4,89 %	– 0,26 %
33	CHRONODRIVE** • Cybermarché et Drive-in alimentaire	39 700	NC	1,66 %
34	DIGITICK • Billetterie électronique	34 000	69,00 %	NC
35	EASYVOYAGE*** • Voyagiste	32 000	NC	NC
36	WOODBRASS.COM • Instruments de musique	30 000	25,00 %	1,83 %
37	AQUARELLE.COM • Vente de fleurs	30 000	NC	NC
38	MATELSOM • Literie	30 000	NC	NC
39	DELAMAISON.FR • Équipement de la maison	30 000	50,00 %	NC

.../...

	Raison sociale	CA Web 2010 (K€)	Croissance 2010-2009	Rentabilité 2010 (%)
40	ACHATVIP • Équipement de la maison	30 000	22,00 %	1,67 %
41	DISCOUNTEO • Équipement de la maison	25 891	40,00 %	0,79 %
42	ONEDIRECT • Téléphonie d'entreprise	25 274	18,50 %	13,20 %
43	ELITEAUTO** • Concessionnaire auto	19 706	NC	2,63 %
44	RÉSEAU FLEURI-FLORAJET • Fleurs sur Internet	15 800	9,00 %	3,62 %
45	LASTMINUTE.COM** • Voyages en ligne	15 620	NC	−27,80 %
46	DAMART • Lingerie	15 200	48,00 %	NC
47	CHATEAUONLINE • Vins	13 500	13,00 %	NC
48	WANIMO • Produits et services animaliers	13 000	60,00 %	−6,62 %
49	ALLORESTO • Restauration à domicile	12 000	50,00 %	4,17 %
50	WIKANGO • Détecteurs de radars	11 000	NC	NC
51	MADE IN SPORT** • Articles de sport	10 594	NC	NC
52	WINE AND CO • Vins	10 166	76,00 %	0,10 %
53	CHAPITRE.COM** • Livres	9 418	NC	-18,53 %
54	VOLTEX • Vente de mobilier design	9 000	40,00 %	3,33 %
55	MADE IN DESIGN** • Design	8 959	NC	-5,20 %
56	PECHEUR.COM • Matériel de loisirs nature	7 354	37,00 %	-0,15 %
57	RESTO IN • Livraison haut de gamme	7 000	NC	NC
58	LE BOUQUET NANTAIS* • Fleurs	6 590	NC	NC
59	WEBDELAUTO.COM • Pièces détachées pour automobile	6 000	33,33 %	-5,00 %

.../...

	Raison sociale	CA Web 2010 (K€)	Croissance 2010-2009	Rentabilité 2010 (%)
60	OCLIO • Matériel de puériculture	5 786	113,19 %	0,29 %
61	LAFOURCHETTE • Réservation de restaurants	4 400	180,00 %	-9,09 %
62	WEBDISTRIB** • Électroménager et électronique	4 100	NC	NC
63	SAVOUR CLUB • Vins	4 000	NC	NC
64	NATILOO** • Produits pour bébés	3 500	NC	NC
65	REPRO-TABLEAUX.COM • Reproductions et tableaux	3 500	25,00 %	-0,14 %
66	ENVIE DE FRAISES • Vêtements de grossesse	3 000	NC	NC
67	B.M. SERVICES (BIEN MANGER) • Épicerie Fine	2 446	19,67 %	0,70 %
68	RUGBYSHOP • Articles de rugby	2 380	6,00 %	1,26 %
69	GRANDE-MARQUE (UNITED STAR) • Mode	2 199	15,13 %	0,77 %
70	GIRODMEDICAL • Matériel médical	2 000	NC	NC
71	VENTE À LA PROPRIÉTÉ • Vente de vin	1 560	NC	NC
72	EXPERTISSIM • Objets d'art	1 500	250,00 %	NC
73	KADOCOM • Cadeaux	1 400	35,00 %	5,71 %
74	JARDINDECO.COM • Produits pour le jardin et la maison	1 300	150,00 %	7,69 %
75	NOVATEX KINOUSSES.COM • Vêtements pour bébés	1 192	NC	4,70 %

* Estimation de la rédaction. ** Chiffres 2009. *** Estimation après rachat GB ; NC : non communiqué.

Source : L'Entreprise.

Annexes

Le test avant de se lancer

Encore quelques minutes d'attention, si vous le voulez bien. Nous ne doutons pas que vous ayez tout compris de l'affiliation après avoir lu ce livre, mais une petite révision des mots et des concepts évoqués est utile. Ainsi, vous saurez très précisément quel est votre quotient d'affiliation et si vous êtes prêt à vous adonner à elle.

Nous avons divisé ce petit « travail » en 30 questions.

Si vous êtes annonceur et que vous voulez vous lancer dans l'e-commerce ou blogueur et que vous avez décidé de rentabiliser le temps que vous y passez, ce test est indispensable.

Quel est votre quotient d'affiliation, c'est-à-dire votre degré de connaissance initiale avant de passer à la monétisation de votre activité sur Internet ? De la réponse à cette question dépend votre capacité à appréhender le nouveau monde.

1. Quels sont les 4 points cardinaux du marketing ?
   a. Prix Placement Produit Promotion .... □
   b. Produit Prix Prospection Placement .... □
   c. Placement Parrainage Produit Prix .... □
   d. Parrainage Prospection Promotion Participatif .... □

2. Qu'est-ce qu'un cookie ?
   a. Un logiciel d'e-commerce .... □
   b. Un incentive à chaque nouvelle vente .... □
   c. Un fichier texte posé par un tiers dans votre ordinateur .... □
   d. Une solution de paiement .... □

3. Qu'est-ce que le display ?

a. Une solution de mise en avant des produits pour les centres commerciaux .... ☐
b. La gestion des mots-clés par Google .... ☐
c. Un jeu concours en ligne .... ☐
d. Une bannière publicitaire affichée sur un site .... ☐

4. Qu'est-ce qu'un adword ?

a. Une base de données spécialisée en contenus .... ☐
b. L'achat de mots-clés sur Google .... ☐
c. Un logiciel de traitement de texte .... ☐
d. Un calculateur de mots dans un site .... ☐

5. Qu'est-ce qui permet d'être géolocalisé sur Internet ?

a. Mon navigateur Internet .... ☐
b. Mon système d'exploitation .... ☐
c. Mon adresse IP .... ☐
d. Mes cookies .... ☐

6. Quel est aujourd'hui le plus grand réseau social en 2011 en France ?

a. LinkedIn .... ☐   c. Facebook .... ☐
b. Copain d'avant .... ☐   d. Twitter .... ☐

7. Sous quel format votre catalogue produits doit-il être disponible ?

a. En .txt .... ☐   c. En .html .... ☐
b. En .xml .... ☐   d. En .ppt .... ☐

8. Qu'est-ce que le m-commerce ?

a. Le commerce en magasins .... ☐   c. Le marketing du commerce .... ☐
b. Le commerce sur mobile .... ☐   d. Le commerce minimum .... ☐

9. Qu'est-ce que l'affiliation ?

a. Un moyen pour faire de la publicité sur Internet .... ☐
b. Un partenariat gagnant-gagnant entre un site et un annonceur .... ☐
c. Le moyen de rémunérer vraiment à la performance .... ☐
d. Un tiers de confiance .... ☐

10. Qui est l'inventeur de l'affiliation moderne ?

a. Bill Gates .... ☐   c. Mark Zuckerberg .... ☐
b. Steve Jobs .... ☐   d. Jeff Bezos .... ☐

11 Lequel de ces acronymes n'est-il pas un mode de rémunération en affiliation ?

a. CPCA .... ☐   c. CPA .... ☐
b. CPI .... ☐   d. CPL .... ☐

12. Qu'est-ce que le ROI ?

a. *Return on Internet* ☐   c. *Return of investors* ☐
b. *Return on investment* ☐   d. *Results of investment* ☐

13. Qu'est-ce qu'un affilié ?

a. La filiale d'une société ☐
b. Le membre d'une communauté Internet ☐
c. Un site Internet qui diffuse de la publicité ☐
d. Un développeur Internet ☐

14. Qu'est-ce qu'un visiteur unique ?

a. Quelqu'un qui vient et qui ne reviendra pas ☐
b. Le premier internaute qui visite un site ☐
c. Un client qui n'achète qu'une fois ☐
d. Le nombre de visiteurs sur un même site au cours d'une période donnée ☐

15. Qu'est-ce qu'un spam ?

a. Un e-mail non sollicité ☐   c. Un e-mail avec une vidéo ☐
b. Un e-mail non ouvert ☐   d. Le nom d'un virus informatique ☐

16. Qu'est-ce qu'un panier électronique ?

a. Un terminal de paiement ☐
b. La page récapitulative des achats sur Internet ☐
c. L'interface bancaire pour sécuriser les achats ☐
d. La page descriptive d'un produit ☐

17. Qu'est-ce qu'un Webmaster ?

a. Le maître de l'Internet ☐
b. Un gourou ☐
c. Celui qui conçoit le site et l'administre ☐
d. Un joueur en ligne ☐

18. Qu'est-ce qu'un lead ?

a. Un prospect ☐   c. Une bannière publicitaire sonore ☐
b. Une bonne affaire ☐   d. Un e-mail promotionnel ☐

19. En moyenne combien de sites d'e-commerce se créent-ils par heure en France ?

a. 100 ☐   c. 10 ☐
b. 50 ☐   d. 2 ☐

20. Qu'est-ce qu'un marchand de niche ?

a. Un catalogue qui répertorie les sites rentables ☐
b. Une boutique d'e-commerce qui vend un peu de tout ☐
c. Un commerçant hyperspécialisé dans un domaine porteur sur Internet ☐
d. Une régie publicitaire de produits d'exception ☐

21. Qu'est-ce qu'un site en PHP ?

a. Un site conçu avec un logiciel libre ☐
b. Un site pas hautement protégé ☐
c. Un site qui diffuse de la publicité à haute performance ☐
d. Un site développé avec des logiciels propriétaires ☐

22. Qu'est-ce qu'un serveur ?

a. Un garçon de café dans la Silicon Valley ☐
b. Un ordinateur dédié à l'administration de votre réseau informatique ☐
c. Un ensemble de sites dédiés à l'information ☐
d. Un informaticien débutant ☐

23. Qu'est-ce qu'un skyscraper ?

a. Un site en hauteur ☐
b. Un site qui a un succès planétaire ☐
c. Une méthode d'analyse de la performance ☐
d. Un format de bannière publicitaire vertical ☐

24. Qu'est-ce qu'un pop-up ?

a. Un livre en relief ☐
b. Une typographie sur Internet ☐
c. Une publicité surgissante ☐
d. L'autre nom de la newsletter ☐

25. Qu'est-ce qu'une newsletter ?

a. Un nouveau courrier reçu par e-mail ☐
b. Une lettre d'informations envoyée par la poste ou par e-mail ☐
c. La première phrase d'un article sur Internet ☐
d. Un catalogue de nouveautés ☐

26. Que signifie FAI ?

a. Fournisseur d'accès Internet ☐
b. Faible accès Internet ☐
c. *False access Internet* ☐
d. French Association of Internet ☐

27. Qu'est-ce qu'une plate-forme de blogs ?

a. Des blogs sur une même thématique ☐
b. Un ensemble de blogs ☐
c. Une plate-forme d'autopublication et d'hébergement de blogs ☐
d. Magasin en ligne où l'on vend des blogs ☐

28. Qu'est-ce qu'un lien sponsorisé ?

a. Un mot-clé acheté pour être plus visible sur Internet ☐
b. Un article publirédactionnel sur Internet ☐
c. Une adresse achetée par un sponsor ☐
d. Une publicité sur un site de rencontre ☐

29. Qu'est-ce qu'une solution d'hébergement ?

a. Le choix d'un hébergeur et de ses ressources pour votre site .... ☐

b. La location d'un local pour une start-up .... ☐

c. L'ensemble des outils pour configurer un site .... ☐

d. L'entrepôt de vos marchandises que vous vendez en ligne .... ☐

30. Qu'est-ce que l'opt-in ?

a. Un format de bannières vidéo .... ☐

b. Le consentement préalable de l'internaute qui reçoit vos e-mails .... ☐

c. L'unité de mesure de la performance sur Internet.. ☐

d. Le système qui améliore la vision sur écran .... ☐

Réponses

24-c, 25-b, 26-a, 27-c, 28-a, 29-a, 30-b
13-c, 14-d, 15-a, 16-b, 17-c, 18-a, 19-d, 20-a, 21-a, 22-b, 23-d,
1-a, 2-c, 3-d, 4-b, 5-c, 6-c, 7-c, 8-b, 9-a-b-c-d, 10-d, 11-b, 12-b,

Alors ce test ?

Si vous avez entre **25 et 30 bonnes réponses** vous avez un quotient d'affiliation extrêmement évolué. Vous avez donc très bien compris cet ouvrage.

Entre **15 et 24 bonnes réponses**, c'est pas mal du tout. Quelques petites notions vous échappent encore mais avec un petit peu de pratique, l'affiliation n'aura plus aucun secret pour vous.

Et de **0 à 14 bonnes réponses**, un travail sérieux s'impose. Vous n'êtes pas perdu pour la cause de l'affiliation. Bien au contraire ! Relisez ce livre plusieurs fois et toutes ces notions vous deviendront évidentes.

Les grandes dates de l'histoire de l'Internet

En presque quarante ans, Internet s'est développé à une vitesse impressionnante.

Ce tableau chronologique montre la jeunesse du process Internet et l'avenir qui en découle.

1958	BELL crée le premier Modem permettant de transmettre des données binaires sur une simple ligne téléphonique.
1961	Le Massachusetts Institute of Technology publie une première théorie sur l'utilisation de la commutation de paquets pour transférer des données.
1969	Connexion des premiers ordinateurs entre 4 universités américaines.
1971	23 ordinateurs sont reliés sur ARPANET. Envoi du premier courriel.
1982	Définition du protocole TCP/IP et du mot « Internet ».
1984	1 000 ordinateurs connectés.
1987	10 000 ordinateurs connectés.
1989	100 000 ordinateurs connectés.
1991	Naissance du World Wide Web.
1993	Naissance du 1er navigateur : Mosaïc.
1994	Première bannière publicitaire sur un site Web.
1996	1 000 000 d'ordinateurs connectés.
1996	Naissance d'Amazon et de l'affiliation.
1998	Naissance de Google.
1998	Arrivée de l'affiliation en France.
2000	Création par Google des Adwords.
2000	La plate-forme d'affiliation d'Amazon revendique 15 000 000 de visites/mois aux USA.
2001	Naissance de Wikipedia.
2003	Naissance de Skype.
2003	Apple invente iTunes.
2004	Naissance de Facebook.
2005	Google rachète YouTube.
2006	Twitter est créé.
2011	Mort de Steve Jobs.
2012	Introduction en Bourse de Facebook.

Les formats de l'IAB (Interactive Advertising Bureau)

À connaître absolument

Type	Caractéristique	Format
La bannière simple	Première bannière à être apparue sur le Web dès octobre 1994, la bannière en format GIF s'est imposée comme le standard de base des bandeaux publicitaires. Au départ, il s'agissait d'un bandeau de taille 468 x 60 pixels, positionné en haut de page. Ensuite, il s'est doté de petites animations (gif animé).	468 × 60 pixels Poids : 35 Ko
La mégabannière	Son efficacité est doublée, voire triplée, quand il y a des animations.	728 × 90 pixels Poids : 50 Ko
Le skyscraper	Bannière verticale qui s'intègre au contenu ou apparaît en bordure de site. Les créatifs innovent en utilisant la structure verticale dans toutes ses déclinaisons : empilage de contenu, déstructuration et chute, escalier, etc.	120 × 600 160 × 600 Poids : 50 Ko
Le carré	Il est intégré au contenu central et n'est pas répertorié par l'IAB.	250 x 250
Le rectangle moyen ou pavé	S'intègre très bien aux sites. Idéal pour les vidéos.	300 × 250 Poids : 50 Ko
La fenêtre « pop-up »	Fenêtre de dimension variable qui s'ouvre spontanément dans une partie de l'écran, voire sur l'écran tout entier – il s'agit alors d'un interstitiel. La page qui contient la fenêtre pop-up s'ouvre indépendamment du nombre de fois où elle est chargée par l'internaute. En effet, elle ne s'affiche qu'un nombre limité de fois (capping).	250 x 250
Le « pop under »	Il s'agit du chargement d'une page non pas sur mais « sous » celle que l'internaute souhaite réellement consulter. Elle devient visible dès que l'on referme la page ouverte.	Taille inférieure à celle du site et qui respecte l'homothétie

.../...

Type	Caractéristique	Format
L'interstitiel	Un intersticiel est une annonce publicitaire qui s'affiche en plein écran et qui vient recouvrir la page visitée, dès la page d'accueil ou comme transition entre deux pages.	Variable de 400 × 400, 900 × 550 Poids : 100 Ko Durée maximum : 12 secondes
Les bannières animées interactives	Ce sont des bandeaux animés (voire sonorisés) en Flash, qui s'actualisent en temps réel ou presque (score d'un match de tennis par exemple, vidéo streaming) et sur lesquels vous pouvez parfois intervenir (taper votre e-mail, gratter un bulletin de jeu, etc.)	Identique aux formats des bannières fixes
Les objets en mouvement	Ce sont des objets publicitaires animés en déplacement sur l'écran (dits « *out the box* »). Ainsi, une petite automobile traverse une page sur toute la largeur.	
L'*expand banner*	Lorsque vous passez la souris sur ce type de bannière, vous déclenchez l'apparition d'une surface plus grande.	Taille variable Poids : 50 Ko au total
Le flash transparent	Un flash transparent est une animation conçue sur un calque transparent qui vous permet de voir le reste de la page où elle n'est pas présente. Le flash transparent est le plus souvent utilisé sur les pages d'accueil.	Taille variable Poids : 70 Ko Durée : 10 secondes minimum
Le superstitiel	Format interstitiel associé à du Rich Media.	550 × 480 pixels recommandés
L'habillage éphémère du site	Lors d'événements ou de périodes particulières (par exemple Noël, Halloween, sortie d'un film, d'un nouveau jeu vidéo, etc.), un site peut revoir complètement son design pour s'adapter à la charte graphique de l'annonceur.	

Source : IAB et Journal du Net.

Glossaire

3-D SECURE • protocole sécurisé de paiement sur Internet. Déployé sous les appellations commerciales Verified By Visa et MasterCard Secure-Code, 3-D Secure a été développé par Visa et Mastercard pour permettre aux marchands de limiter les risques de fraude sur Internet, liés aux tentatives d'usurpation d'identité. Il consiste à s'assurer, lors de chaque paiement en ligne, que la carte est bien utilisée par son titulaire. Dans le cas où, à la fois le commerçant et la banque du porteur de la carte sont équipés, une étape supplémentaire a lieu au moment du paiement. En plus du numéro de carte bancaire, de la date d'expiration de la carte et des trois chiffres du code de sécurité (imprimés au dos de la carte), l'internaute doit saisir un mot de passe, tel que sa date de naissance (authentification simple) ou un code dynamique à usage unique (authentification forte) (*source* : Wikipedia).

ACCOUNT MANAGER • chargé de compte client.

ADRESSE IP (INTERNET PROTOCOL) • numéro qui identifie chaque ordinateur connecté à Internet.

ADRESSE RENSEIGNÉE • une adresse bien renseignée et normalisée regroupe l'ensemble des informations permettant à un émetteur de délivrer le courrier/pli à un destinataire. Elle comprend deux types de données : des données nominatives (nom, prénom) et des données géographiques (numéro, nom de la rue, code postal, ville, pays, etc.). Elle permet de limiter le nombre de plis non distribués (PND) ou de NPAI (n'habite pas à l'adresse indiquée).

ADWORD • créé par Google, il affiche sous forme de liens sponsorisés des bannières publicitaires ciblées en fonction des mots-clés choisis par l'internaute. L'annonceur paie quand l'internaute clique sur le lien selon un système d'enchère et de qualité : plus l'annonce sera pertinente pour l'utilisateur, plus le prix au clic sera bas et l'annonce en évidence.

AFFILIÉ • l'affilié (ou éditeur) est le partenaire d'un site marchand ou à vocation commerciale (dénommé annonceur) par le biais d'un programme d'affiliation. Dans le cadre du contrat lié au programme d'affiliation, l'affilié est rémunéré à la performance (à la commission, au lead qualifié, à la visite) en fonction des visiteurs « envoyés » à l'annonceur. L'affilié prescrit les produits ou services de l'annonceur à partir d'éléments visuels ou d'outils de promotion divers (widget, moteur...) qui sont fournis par l'annonceur et qu'il insère sur ses pages Web (*source : www.definitions-webmarketing.com*).

AMAZON • Amazon.com a été créé par Jeff Bezos en juillet 1995 à Seattle. Il est un des pionniers du commerce électronique sur Internet. Il a démarré avec la vente de livres et aujourd'hui de tous types de produits culturels : disques CD, musique en téléchargement, DVD, appareils photos numériques, informatique et dans l'équipement de la maison, etc. Amazon est à l'origine de toutes les innovations en matière d'affiliation.

ANNONCEUR • l'annonceur est un site marchand ou à vocation commerciale qui par le biais d'un programme d'affiliation utilise un réseau de sites affiliés qui mettent en avant ses produits ou services et envoient des visiteurs/prospects sur son site (*source : www.definitions-webmarketing.com*).

ANNUAIRE THÉMATIQUE • il recense uniquement des sites sur un thème donné.

BANNIÈRE • support publicitaire sous forme d'image, de bandeau qui permet quand on clique dessus de se rendre directement sur le site concerné.

BLOG • le mot « blog » est une abréviation de Weblog, qui peut se traduire par « journal sur Internet ». Le blog est souvent défini comme un site personnel. Il s'agit d'un espace individuel d'expression, créé pour donner la parole à tous les internautes (particuliers, entreprises, artistes, hommes politiques, associations...). Les articles (posts ou billets) sont publiés de façon antéchronologique (le dernier posté en avant sur l'accueil) et permettent à tous les visiteurs de réagir sur le sujet évoqué, en postant leurs commentaires sur l'article ; créant ainsi une relation privilégiée entre l'auteur et ses lecteurs.

CALL-CENTER OU CENTRE D'APPELS • un centre d'appels est un ensemble de ressources humaines, applications informatiques, technologiques dont le but est de satisfaire une relation personnalisée avec le client (externe ou interne) dans la prospection, la vente, l'assistance, le support, la relance à travers le média téléphonique.

CHARTE GRAPHIQUE • ensemble des éléments graphiques (typographies, mises en page, couleurs, choix et styles des images…) qui constituent la personnalité d'une entreprise.

CIBLAGE COMPORTEMENTAL • face à l'hyperfragmentation, la simultanéité et la mobilité du marché Internet, cette technique publicitaire vise à répondre à la dilution de l'audience par la pertinence. Aux États-Unis, 25 % des investissements en ligne sont dédiés au ciblage comportemental. Par ailleurs, 90 % des annonceurs display intègrent du ciblage comportemental. Le principe de base consiste, à l'aide de cookies, à comparer l'activité d'un internaute en train de naviguer avec des parcours de navigation antérieure. Le bénéfice pour les annonceurs, c'est de pouvoir cibler les internautes de manière plus fine, en tenant compte de leurs centres d'intérêt. Les régies, de leur côté, peuvent revaloriser et rééquilibrer les inventaires issus de chaînes thématiques (*source : iabfrance.com*).

COMPARATEURS DE PRIX • un comparateur de prix est un service en ligne qui à partir d'une requête portant sur un produit ou service (livre, CD, logiciel, trajet avion, etc.) va établir une liste des sites proposant ce produit. Les propositions sont présentées par ordre de prix décroissant et comportent les autres conditions de vente (livraison, paiement, etc.) ainsi que des liens directs vers les sites vendeurs. Les comparateurs de prix sont financés par la publicité et des programmes de partenariats avec les sites vers lesquels ils renvoient. Cette rémunération se fait généralement aux clics (*source : www.definitions-webmarketing.com*).

CONCEPT D'ÉLASTICITÉ AU PRIX • l'élasticité au prix permet de mesurer le degré de sensibilité de la demande aux variations de prix (« élasticité-prix ») ou des revenus (« élasticité-revenu »).

COOKIE • fichier stocké sur le disque dur de l'utilisateur, afin de permettre au serveur Web de le reconnaître d'une page Web à l'autre. Les cookies sont notamment utilisés par les sites de commerce électronique afin de conserver les préférences de l'utilisateur (par exemple les options qu'il a cochées) afin de lui éviter de les ressaisir.

CO-REGISTRATION • possibilité offerte à un internaute en phase d'abonnement à une lettre d'information A de profiter d'un abonnement complémentaire à une autre lettre. La case d'abonnement est alors accompagnée d'une simple proposition du type : « Je souhaite m'abonner par la même occasion à la lettre d'information B. » L'internaute n'a alors qu'à cocher la case sans ressaisir de données.

CPA • mode de paiement sur Internet destiné aux annonceurs. L'annonceur ne paie que si l'affichage et le clic de l'internaute sur la bannière ont effectivement provoqué une inscription ou une vente sur le service qui fait l'objet de la promotion. Si un bandeau est affiché 1 000 fois, que cet affichage provoque 100 clics, mais que ces 100 clics ne provoquent que 10 ventes, l'annonceur ne paiera que pour ces 10 ventes, quelquefois proportionnellement à la valeur des achats effectués (*source : Dico du net*).

CPC (COST PER CLICK OU COÛT PAR CLIC) • mode de tarification des campagnes publicitaires sur Internet prenant en compte le nombre de clics enregistrés sur la création publicitaire.

CPCA (COÛT PAR CLIC D'ARRIVÉE) • le coût par clic d'arrivée signifie que le clic ne sera rémunéré qu'après le chargement intégral de la page de destination.

CPM (COÛT POUR MILLE) • mode dominant de valorisation et de facturation des espaces publicitaires Internet par lequel un annonceur est facturé selon un prix de l'espace publicitaire exprimé pour mille affichages de la création (bannière, vidéo, message texte, etc.).

EBAY • créée en 1995, eBay est une entreprise de ventes aux enchères en ligne où particuliers et professionnels peuvent vendre et acheter.

E-BOUTIQUE • site Web commercial qui permet à un client d'acheter des produits à partir de son ordinateur, de sa tablette ou de son smartphone.

ÉDITEUR DE SITE • ensemble d'outils qui permettent la création de sites Web.

FAI (FOURNISSEUR D'ACCÈS À INTERNET) • société qui fournit à ses clients un accès à Internet.

FIA-NET • les sites qui affichent le logo FIA-NET affichent leurs performances, obtenues par notation de leurs clients.

FLUX RSS (REALLY SIMPLE SYNDICATION) • format de description de données qui facilite la diffusion de fils d'informations, de façon automatisée, à l'intention des internautes, et qui favorise la syndication de contenus en permettant à d'autres sites de republier facilement tout ou partie de ces données (*source : 01net.com*).

FORUM • service permettant l'échange et la discussion sur un thème donné : chaque utilisateur peut lire à tout moment les interventions de tous les autres et apporter sa propre contribution sous forme d'articles (*Journal officiel* du 16 mars 1999 « Vocabulaire de l'informatique et de l'internet »).

GEEK • terme qui désigne les fondus d'informatique.

GÉOLOCALISATION • la géolocalisation ou le géoréférencement est la technique qui permet de positionner un objet (une personne, un magasin, un lieu...) sur un plan ou une carte à l'aide de ses coordonnées géographiques.

GOOGLE ADWORDS • nom de la plate-forme de liens sponsorisés de Google.

GOOGLE ANALYTICS • service gratuit d'analyse statistique du nombre de visiteurs d'un site Web. Lancé en novembre 2005, cet outil de tracking permet notamment aux utilisateurs de Google AdWords d'analyser le taux de conversion et d'optimiser leurs campagnes publicitaires (*source : Journaldunet.com*).

GPS (GLOBAL POSITIONING SYSTEM) • Système de géolocalisation par satellite. Le réseau de 24 satellites actuellement en fonctionnement, développé par l'armée américaine, est mis à disposition des civils. Sa précision peut atteindre 5 mètres. Le GPS s'utilise en association avec une carte pour se repérer et se positionner : randonnée, voile, trek... L'association d'un récepteur GPS et d'un logiciel de cartographie permet d'obtenir un système de guidage routier efficace (affichage d'une carte avec les directions et guidage audio par synthèse vocale), développé sous différentes formes : système embarqué en voiture, boîtier autonome avec récepteur intégré, assistant personnel ou smartphone (*source* : Futura-Techno).

HÉBERGEUR • personne ou société qui a pour vocation de mettre à la disposition des internautes des sites Internet conçus et gérés par des tiers. Il assure (à titre gratuit ou onéreux) le stockage d'images, d'écrits, de sons ou de messages, pour le mettre à disposition du public. La plupart des hébergeurs sont payants (*source : www.easydroit.fr*).

JAVASCRIPT • langage de programmation développé par Netscape qui permet d'améliorer les sites Web. Les balises qui signalent un code Javascript s'écrivent ainsi :

<SCRIPT language="Javascript">
Placez ici le code de votre script </SCRIPT>

KEYWORD • *voir* mot-clé.

Landing page • page d'accueil.

Lead • désigne un client potentiel (prospect).

Lead generation • littéralement l'acte de générer des prospects. Cette expression désigne l'identification de différents signaux d'intérêt émis par des prospects potentiels (professionnels ou particuliers) pour les produits ou services d'une entreprise.

Liens sponsorisés • les liens sponsorisés (ou liens commerciaux ou liens promotionnels) sont des liens qui apparaissent sur la droite des résultats dans les moteurs de recherche. Contrairement aux autres liens (résultats naturels), il s'agit de liens publicitaires dont la monétisation s'effectue au clic (*source : dicodunet.com*).

M-commerce • le commerce *via* les mobiles.

Merchandising • le merchandising regroupe l'ensemble des techniques d'optimisation ayant trait à l'allocation de la surface d'exposition d'un produit dans les points de vente et à sa présentation (*source : www.definitions-marketing.com*).

Métatag • les métatags sont des balises spéciales situées dans l'en-tête du document HTML pour fournir des informations permettant aux moteurs de recherche d'indexer la page Web.

Mot-clé ou keyword • terme servant à l'internaute pour préciser sa requête sur un outil de recherche.

Newsletter ou lettre d'information • courrier électronique, émanant généralement des entreprises, envoyé aux internautes ayant souscrit à ce service auprès d'un site Web marchand ou non. Le contenu des newsletters peut être d'ordre éditorial ou commercial.

Open source • s'applique aux logiciels dont la licence autorise la possibilité de libre redistribution, d'accès au code source et aux travaux dérivés. À ne pas confondre avec « logiciel libre ».

Page de conversion • la page de conversion correspond à la page que les internautes atteignent après avoir réalisé l'action définie par le site visité.

Page Web • une page Web est conçue pour être consultée par des visiteurs à l'aide d'un navigateur Web.

Panier moyen • il désigne la moyenne des achats effectués par un client dans un point de vente en une visite.

PHISHING • l'hameçonnage, ou phishing, est une technique utilisée par des fraudeurs pour obtenir des renseignements personnels dans le but de perpétrer une usurpation d'identité. La technique consiste à faire croire à la victime qu'elle s'adresse à un tiers de confiance – banque, administration, etc. – afin de lui soutirer des renseignements personnels : mot de passe, numéro de carte de crédit, date de naissance, etc. (*source* : Wikipedia).

PIXEL • Le nom de « pixel », abrégé « px », provient de l'expression anglaise *picture element*, qui signifie « élément d'image » ou « point élémentaire ».
Un pixel mesure entre 0,18 mm et 0,66 mm de côté. C'est l'unité de mesure de l'image informatique.

PLATE-FORME D'AFFILIATION • c'est un intermédiaire entre les affiliés et les annonceurs. Elle crée et facilite les liens entre les deux acteurs en offrant à la fois une solution technique et une caution morale à l'échange (*source* : *Journal du Net*).

POP-UP • ou aussi fenêtre surgissante, fenêtre de dimension variable qui s'ouvre automatiquement dans une partie de l'écran de l'internaute.

PROGRAMME D'AFFILIATION • un programme d'affiliation est un programme par lequel un site marchand ou à vocation commerciale (l'annonceur) propose à un réseau de sites partenaires (les affiliés) de promouvoir par le biais de bandeaux, de liens texte ou autres éléments ses produits ou ses services. Selon les cas, les affiliés sont rémunérés par une commission sur les ventes, les visites ou les contacts commerciaux générés à partir de leurs liens (*source* : définition – *Webmarketing.com*).

PROSPECT QUALIFIÉ • un prospect est qualifié quand on possède les informations nécessaires pour le transformer en client.

PUBLICITÉ CONTEXTUELLE • ensemble des techniques publicitaires qui consistent à cibler une audience grâce à des supports spécifiques en fonction du contexte dans lequel se trouve l'individu exposé au message (*source* : *www.definitions-marketing.com*).

PUCES RFID (RADIO FREQUENCY IDENTIFICATION) • technologie qui permet aux appareils numériques de devenir « intelligents », de communiquer et d'interagir les uns avec les autres.

RÉFÉRENCEMENT • ensemble des techniques qui permettent à un site d'être visible sur les moteurs de recherche.

RÉSEAUX SOCIAUX • ils désignent des sites Web qui fédèrent des personnes, des groupes de personnes, voire des entreprises, en facilitant leurs échanges d'informations, d'images, de photos… Avec le Web 2.0, les réseaux sociaux sont devenus des outils de communication essentiels pour les entreprises, de réels relais stratégiques. Les réseaux sociaux les plus connus sont Facebook, Twitter, LinkedIn, Viadeo, YouTube, Copains d'avant, Hi, Google +, etc.

RETARGETING OU RECIBLAGE PUBLICITAIRE • action de resolliciter un internaute qui a montré de l'intérêt pour un site commercial et qui n'a pas acheté. Il s'agira de le faire revenir sur le site en lui proposant un prix plus bas. « C'est le même genre de technologie qu'Amazon a développé sur son site qui lui permet de générer 35 % de ses ventes », note Pascal Gauthier, chief operating officer chez Criteo, société spécialisée dans le reciblage publicitaire.

ROI (RETURN ON INVESTMENT) • mesure de l'efficacité d'un investissement en termes de rentabilité. Il consiste en un ratio comparant la valeur du coût de l'investissement avec sa rentabilité.

RP (RELATIONS PUBLIQUES – RELATIONS PRESSE) • ensemble de techniques de communication qui mettent en avant un produit ou un service auprès des journalistes ou lors d'événements.

SEARCH (LA RECHERCHE) • le Search Engine Marketing est une activité visant à optimiser sa présence sur les moteurs de recherches par référencement payant (liens sponsorisés) ou naturel (encore appelé Search Engine Optimization – SEO). Son objectif est de placer un site Internet parmi les premiers résultats des moteurs (Google, Yahoo, MSN, Baïdu) sur les recherches liées à son domaine d'activité direct ou indirect (*source : marketing-digital.fr.*).

SMARTPHONE • littéralement « téléphone intelligent » (*smartphone*), le terme smartphone est utilisé pour désigner les téléphones évolués, qui possèdent des fonctions proches d'un ordinateur personnel grâce à un système d'exploitation (OS) évolué permettant de gérer l'ensemble des fonctionnalités bureautiques et multimédias propres à un smartphone mais aussi de télécharger des applications tierces depuis une application store (*source : le Journal du smartphone*).

SPAM ET SPAMMEUR • communication électronique non désirée (généralement de la publicité) envoyée à de très nombreux correspondants par une personne ou une entreprise. Le spam est puni par la loi.

TAG • morceau de code rajouté dans le code source du site Web qui permet de suivre une action.

TAUX DE TRANSFORMATION • calcul du nombre de visiteurs sur un site et du volume de leurs achats.

THÉSAURUS • répertoire organisé de mots-clés.

TRACKING • ensemble d'actions visant à cerner le profil du visiteur d'un site : parcours effectué sur le site d'où l'on peut déduire des centres d'intérêt, chemin suivi à travers le réseau d'où l'on peut déduire la provenance du visiteur, etc. Les informations réunies servent à analyser le comportement de l'internaute, pour lui proposer des informations personnalisées (*source : L'Internaute*).

VISITEUR UNIQUE • nombre de visiteurs sur un même site au cours d'une période donnée.

WEB CALL-BACK • le Web call-back est un service de mise en relation téléphonique entre un internaute et une entreprise. Il permet à l'internaute de se faire contacter gratuitement par téléphone et d'obtenir de plus amples informations à propos des produits et services présentés sur le site.

WEBMARKETING • ensemble des techniques marketing et publicitaires utilisées dans l'environnement Internet. Le webmarketing travaille en temps réel et est évolutif car fortement lié aux progrès de la technique.

WIDGET • petite application qui permet d'afficher une information (widget pour la météo, widget pour le cours de la Bourse, widget pour les spectacles…), d'effectuer des petites opérations (widget calculatrice, widget dictionnaire), etc. (*source : Ugal*).

XML • HTML amélioré. Il permet de séparer le contenu de la présentation. On peut ainsi afficher un même document sur des applications ou des périphériques différents sans pour autant nécessiter de créer autant de versions différentes du document (*source : commentcamarche.net*).

Adresses utiles

CPA
Syndicat des plates-formes d'affiliation
http://www.cpa-france.org

LA FEVAD
La Fédération du e-commerce et de la vente
à distance
60, rue La Boétie
75008 Paris
Tél. : 01 42 56 38 86

AFFILITY
18, rue Trezel
92300 Levallois-Perret
Tél. : 08 92 43 10 00
www.affility.com

FIA-NET
39, rue Saint-Lazare
75009 Paris
Tél. : 01 45 23 73 73
http://www.fia-net.com

IAB FRANCE
Association internationale dédiée
à l'optimisation et à la promotion
de la publicité interactive
104, rue La Boétie
75008 Paris
Tél. : 01 48 78 14 32

**SYNDICAT NATIONAL
DE LA COMMUNICATION
DIRECTE (SNCD)**
2 ter, rue Louis-Armand
75015 Paris

**SYNDICAT DES RÉGIES
INTERNET**
C/O ORANGE
140, avenue de la République
92320 Châtillon

L'ENTREPRISE
29, rue de Châteaudun
75009 Paris
Tél. : 01 75 55 10 00
http://lentreprise.lexpress.fr
Directeur de la rédaction : François Kermoal

MARKETING MAGAZINE
Editialis – emarketing.fr
160 bis, rue de Paris
92645 Boulogne-Billancourt CEDEX
http://www.e-marketing.fr

ACTION COMMERCIALE
Editialis – actionco.fr
160 bis, rue de Paris
92645 Boulogne-Billancourt CEDEX
http://www.actionco.fr

STRATÉGIES
52, rue Camille-Desmoulins
92448 Issy-les-Moulineaux CEDEX
http://www.strategies.fr

CB NEWS
4 bis, rue de la Pyramide
92643 Boulogne-Billancourt
http://www.cbnews.fr

Webographie

- *www.Web-affiliations.com* : le portail des acteurs de l'affiliation, qu'ils soient affiliés, annonceurs, plates-formes ou régies.
- *www.Webmaster-hub.com* : le portail des Webmasters.
- *www.Webworkerclub.com* : le site des développeurs, graphistes, intégrateurs, éditeurs, pigistes ou encore affilieurs.
- *www.Webrankinfo.com* : le site de la plus grande communauté francophone du référencement.
- *www.directory.affiz.com* : site destiné aux Webmasters, il offre la possibilité de consulter toutes les informations nécessaires sur les campagnes des différentes régies partenaires.
- *www.abondance.com* : l'actualité et l'information sur le référencement et les moteurs de recherche.
- *www.adwords.google.fr* : comment faire la promotion de son entreprise sur Google.
- *www.affiliatesummit.com* : sommet annuel de l'affiliation où sont représentés les annonceurs, les affiliés, les commerçants, les réseaux et les fournisseurs.
- *www.affility.com* : plate-forme d'affiliation.
- *www.amazon.com* : au-delà des achats de livres, DVD et autres, consultez avec attention les pages du programme d'affiliation.
- *www.bloguemarketinginteractif.com* : d'origine canadienne, le blog fournit des outils d'information et de formation sur tout ce qui concerne le marketing interactif.
- *www.fr.capgemini-consulting.com* : une des plus importantes SSII mondiales dans le secteur des services informatiques. Ses publications sur le digital font référence.

- *www.commentcamarche.com* : le panorama très complet de l'actualité informatique et high-tech.
- *www.e-marketing.fr* : le site des professionnels du marketing.
- *www.fevad.com* : la fédération du e-commerce et de la vente à distance. Elle fédère aujourd'hui près de 500 entreprises du monde de la vente à distance (Internet, catalogue, retailer, téléphone…) et près de 600 sites Internet. Elle est l'organisation représentative du secteur du commerce électronique et de la vente à distance. La FEVAD a notamment pour mission de recueillir et diffuser l'information permettant l'amélioration de la connaissance du secteur et d'agir en faveur du développement durable et éthique de la vente à distance et du commerce électronique en France. Un site indispensable que vous soyez affilié ou annonceur.
- *www.google.com* : premier moteur de recherche au monde.
- *www.iabfrance.com* : l'Interactive Advertising Bureau est une association créée en 1998 dont la mission est triple : structurer le marché de la communication sur Internet, favoriser son usage et optimiser son efficacité. Elle est au service des annonceurs et de leurs agences conseil pour les aider à intégrer Internet efficacement dans leur stratégie de marketing globale et, d'autre part, entend proposer des standards, des exemples de pratiques professionnelles aux nouveaux acteurs intégrant le marché des médias sur Internet.
- *www.journaldunet.com* : toute l'actualité de l'Internet.
- *www.journaldunet.com/ebusiness/crm-marketing/bilan-affiliation-s1-2011* : le bilan de l'affiliation au 1er semestre 2011.
- *www.frenchweb.com* : FrenchWeb.fr présente les différentes initiatives des acteurs français du Net. Il regroupe une communauté de plus de 12 000 professionnels, entrepreneurs, experts, investisseurs.
- *http://marketing.about.com/cs/targetmarketing/a/leadgeneration.htm*
- *www.clickz.com* : la bible du marketing aux États-Unis.
- *www.readwriteweb.com* : blog technologique influent.
- *fr.techcrunch.com* : l'actualité technologique et financière de l'Internet. Newsletter orientée start-up.
- *www.webanalyticsassociation.org* : l'association aide à normaliser les termes, définitions, et les meilleures pratiques utilisées par le Web.

Bibliographie

BARBA C., *2020 : la fin d'e-commerce? ou l'avènement du commerce connecté ?*, Fevad, 2011 – Fevad2011_malineaecommerce.pdf.

BODIER S., KAUFFMANN J., *Le Webmarketing*, Paris, PUF, coll. « Que sais-je ? », 2011.

BOUCHER A., *Ergonomie Web*, Paris, Eyrolles, 2007.

DENOIX A., *L'Affiliation*, Paris, Dunod, 2010.

HOLDEN G., *L'e-commerce pour les nuls*, Paris, First, 2001.

Index

www.ingramcontent.com/pod-product-compliance
Lightning Source LLC
Chambersburg PA
CBHW061317220326
41599CB00026B/4923